邏輯學是什麼？

陳　　波　著

中 國 中 民 大 學 哲 學 博 士
北 京 大 學 哲 學 系 教 授

五南圖書出版公司 印行

推薦序

　　北京大學陳波教授所著《邏輯學是什麼?》在台灣由五南出版社出版,是值得慶幸的一件喜事。這不僅是因為台灣出版界至今仍然還缺少有關邏輯學的通俗讀物,而且還因為陳波教授是這一學術領域的傑出學者。陳波教授對邏輯學有精湛的專門研究,他是中國哲學界近幾年來研究西方邏輯哲學、並卓有成效的知名青年學者。他在這方面所發表過的著作和論文,不僅在中國學術界獲得很高的評價,而且也受到國際哲學界的充分肯定。他在五南出版社所發表的這部《邏輯學是什麼?》的新書,雖然是一本通俗讀物,卻是建立在他的長期認真而深入研究的基礎上所撰寫出來的作品,因此,它毫無疑問地將有助於台灣讀者更全面地瞭解邏輯學基本原則、原理、概念、簡單發展史及其研究現狀,同時也有利於讀者結合實際生活和工作中的具體問題,逐步學習和掌握邏輯學的基本內容和方法。

　　人是會思想的理性動物。但這並不意味著人人都懂得進行正確的思維活動。古今中外著名的哲學家都反覆告訴我們,思維活動必須經過嚴格的訓練,甚至要經過長期艱苦的學習,才能達到正確而純熟的程度。所以,為了培養正確的思維,不論中國或外國,很早就出現了邏輯學:在中國,最早的邏輯學家有公孫龍、墨子等人,他們創造了著名的名學和辯學;在古代印度,婆羅門教、佛教和耆那教,很早就發明了「因明學」(Het-uvidyâ),他們所說的「因」,指的是「原因」、「根據」、「理由」;而「明」指的是「知識」、「智慧」。所以,因明學就是關於正確推理和論證的學問。後來,大乘佛教將因明、聲明、工巧明、醫方明、內明合稱為「五明」。而在西方古希臘則是蘇格拉底、亞里斯多德和斯多葛派的哲學家。這些最早的邏輯學家,都是一方面嚴格認真地研究和探索邏輯學的基本問題,試圖系統總結人類思維的一般規律、基本形式和規則,另一方面還身體力行,千方百計地以生動活潑的通俗方式,推廣邏輯學基本知識。在他們的著作中,往往反覆結合一系列日常生活和社會現象,不厭其煩地說明學習和掌握邏輯學的必要性和重要性,力圖使社會大眾都能夠逐步掌握邏輯學的基本原則和方法,促進整個社會文化的提昇。

　　要寫出一部簡練、通俗明白的邏輯著作並不容易。由於邏輯學的研究對象是抽象的思維本身,而且還必須總結和概括正確思維的形式、規則和方法,所以,它難免要採取相當抽象的論述和表達方式,使邏輯學的內容、概念和論述形式本身,呈現出某種程度

的枯燥性。但舉凡掌握邏輯學要義、並對它有深刻體會的學者，都能夠在艱難的邏輯思想背後看穿簡單的基本道理，並能以一般大眾所喜聞樂見和易於接受的方式表述出來。從古以來的古典邏輯學家和哲學家所寫的邏輯學著作，正是具備這樣的特點，而陳波教授的這部新著作，也同樣顯示了這一優點。

西方的邏輯學隨著科學知識和人類認識的發展而不斷演化，使現代邏輯採取了越來越多的新形式，從原有的古典邏輯中，分化出越來越多的、專門化的新邏輯，出現了以經典的數理邏輯以及以它為基礎的各種非經典邏輯演繹系統。西方的最早的傳統邏輯學，主要是亞里斯多德的「詞項邏輯」和斯多葛學派的「古典命題邏輯」。到了近代，隨著自然科學的繁榮及其在征服自然、改造生活環境方面的成功，由英國的培根（Francis Bacon,西元 1561-1626 年）和穆勒（John Stuart Mill, 西元 1806-1873 年）所總結的近代經典歸納邏輯得到了廣泛的傳播。從二十世紀初開始，由於現代數學和語言學及各種符號論的長足進展，以形式語言學方法和數學方法相結合，作為邏輯研究及其表述的基本方法，就成為了現代邏輯形成和發展的重要特徵。現代邏輯很重視形式語言的特點，認為形式語言作為一種單義的人工符號語言，是可以通用於全人類的純形式化語言，它避免了自然語言所固有的歧義性和民族性，可以更精確地表達思想的一般形式結構。一般說來，在傳統邏輯中的邏輯變項是以人工符號表達的，而邏輯常項則是用自然語言加以表達。但在現代邏輯中，這種矛盾狀況就可以被徹底克服，因為在現代邏輯中，不管是邏輯變項還是邏輯常項，都一律由單義的符號來表達。這就是現代邏輯高於傳統邏輯的優點。現代邏輯還廣泛採用數學方法，主要運用公理化、算術、函數和代數方法，使現代邏輯更加豐富了邏輯學的內容，首先在經典邏輯中增加了「類邏輯」和「關係邏輯」，接著又在命題邏輯中引進了真值函項理論，並由於量化理論和命題函項理論的建立，產生了嶄新的「謂詞邏輯」，形成以「命題演算」、「謂詞演算」、「類演算」和「關係演算」為子系統的經典邏輯系統，然後又從經典邏輯系統進一步導引出「內涵邏輯」、「相干和衍推邏輯」、「多值邏輯」、「直覺主義邏輯」、「不協調邏輯」、「現代歸納與概率邏輯」、「模糊邏輯」、「非單調邏輯」、「模態邏輯」及「數理辯證邏輯」等成十種「非經典邏輯」的分支學科；與此同時，由於運用數學方法，也進一步將邏輯推理演算化，有利於建立邏輯演算系統和邏輯規律系統，達到從末有過的表達精確化、推理嚴格化和對象理論系統化的程度。

我寧願以較長篇幅說明西方邏輯學的演化同現代知識發展的關係，主要正是為了強調現代社會青年人學習邏輯的必要性和迫切性。人的思想及其思維形式並不是固定不變的，而是要隨時代的發展，特別是隨科學知識和社會日常生活方式以及其他的社會實踐的變化而不斷演化。上述現代邏輯發展趨勢的複雜化和日益專門化，正是表明邏輯學同

社會發展、同科學知識及技術的發展之間的緊密關係。但是，當代社會在發展科學技術的同時，又已經演變成為高度商品化、消費化、流行化、遊戲化、符號化、資訊化和人工智能化的程度，以致使越來越多的人們，特別是青年一代，不是關心和注意科學技術及各種知識的急遽轉變及分化，而是使自己成為商品和消費社會的奴隸，寧願將自己的大部分時間耗費在圖像符號的娛樂遊戲，寧願用電腦取代自己的頭腦，使自己的手腳靈活度高於大腦的機敏度，不願意再費盡心思增進大腦思維的嚴謹性和邏輯性，更不再關心嚴格細緻的邏輯思維程序及方法。所有這些狀況，進一步說明了當前學習和推廣邏輯的必要性和迫切性。

　　陳波教授的《邏輯學是什麼？》這本書在當代台灣的出版，由於上述許多理由，更加顯示其重要性。我希望這部書將有助於推動台灣社會大眾，特別是青年一代更積極地學習邏輯，並注意到將邏輯知識運用於自己的社會生活和工作中去。

高宣揚

2002 年 3 月

引 言

　　讀者朋友，你有興趣做一次邏輯之旅嗎？在短短的時間裡，去跨越歷史的時空，品味那些偉大的邏輯學家們的苦悶、掙扎、思考和創造，瀏覽邏輯學的來龍去脈、大致框架和基本內容，這些內容已經成為西方許多能力性考試，如 TOFEL，GRE，GMAT，LSAT 測試的對象，並且已開始成為國內相應考試如 MBA，MPA 的測試對象。如果你有興趣，那就讓我們從考察「邏輯」這個詞開始吧。

　　從詞源上說，「邏輯」最早可以追溯到一個希臘詞，即「邏各斯」（logos，其複數形式是 logoi）。「邏各斯」是多義的，其主要含義有：⑴一般的規律、原理和規則。在這一點上，「邏各斯」類似於中國老莊哲學的「道」。⑵命題、說明、解釋、論題、論證等。⑶理性、推理、理性能力，與經驗相對的抽象理論，與直覺相對的有條理的推理。⑷尺度、關係、比例、比率等。⑸價值。不管怎樣，「邏各斯」的基本詞義是言辭、理性、秩序、規律，其中最基本的含義又是「秩序」和「規律」，其他含義都是由此派生出來的。例如，「有秩序的」、「合乎規律的」就是合乎「理性」的；「推理」就是按照「規律」進行有「秩序」的、有條理的思維。儘管亞里斯多德在「議論」或「論證」的意義上使用過「邏各斯」一詞，但他更多地用「分析」或「分析學」去表示他關於推理的理論，據史料記載，斯多亞派使用過「邏輯」一詞，認為它包括論辯術和修辭學兩部分。逍遙學派和古羅馬的西塞羅則比較正式地使用了「邏輯」一詞，但古羅馬更多地用「論辯術」（dialectica）表示包括邏輯和修辭學的科學。歐洲中世紀的邏輯學家有時用「logica」、有時用「dialectica」表示邏輯。直到近代，西方才通用「logic」、「logik」、「logique」等表示邏輯這門科學。

　　西方邏輯早在明代就開始傳入中國，李之藻（西元 1565—1630 年）與人合作翻譯了葡萄牙人所寫的一部邏輯學講義，譯為《名理探》。清朝末年，邏輯方面的翻譯著作有《辯學啓蒙》（西元 1896 年）、《穆勒名學》（嚴復譯，西元 1905 年）等。一開始，中國譯者們按先秦傳統來理解「logic」，先後將其譯為「名學」、「辯學」、「名辯學」、「理則學」、「論理學」等等。嚴復是將「logic」譯為「邏輯」的第一人，但他並未加以提倡、推廣，而是選用了「名學」作為他的譯著的書名。到 20 世紀 30 - 40 年代，「邏輯」譯名才逐漸流行開來，並獲得通用。不過，在漢語中，「邏輯」一詞同樣也是多義的，其主要含義有：⑴客觀事物的規律，例如「歷史的邏輯決定了人類社會將一直向前

發展」。⑵某種理論、觀點，例如「只許官家放火，不許百姓點燈，這是哪一家的邏輯！」⑶思維的規律、規則，例如「某篇文章邏輯性強」、「某個說法不合邏輯」。⑷邏輯學或邏輯知識，例如「大學生應該上邏輯課」、「在一般人的印象中，邏輯很難學」。

我們的邏輯之旅將要考察的就是作為一門科學的「邏輯」。可以說，邏輯作為一門科學，是既古老又年輕的。說它古老，是說它歷史悠久，源遠流長。從起源上看，它有三大源泉：古希臘的形式邏輯，中國先秦時期的名辯學，以及印度佛教中的因明。（插入一句，由於我本人對印度佛教中的因明不熟悉，無法充當這方面的導遊，故在今後的旅程中將只談到希臘傳統和中國傳統下的邏輯。）說它年輕，是說它朝氣蓬勃，充滿活力，已經或者正在發展成為一個龐大的邏輯學科體系，並在整個現代科學中發揮著基礎學科的作用。

現在，讓我們做一道邏輯方面的選擇題吧：

有甲、乙、丙、丁、戊五個人，每個人頭上戴一頂白帽子或者黑帽子，每個人顯然只能看見別人頭上帽子的顏色，看不見自己頭上帽子的顏色。並且，一個人戴白帽子若且唯若他說真話，戴黑帽子若且唯若他說假話。已知：
甲說：我看見三頂白帽子一頂黑帽子；
乙說：我看見四頂黑帽子；
丙說：我看見一頂白帽子三頂黑帽子；
戊說：我看見四頂白帽子。
根據上述題幹，下列陳述都是假的，除了
A.甲和丙都戴白帽子；
B.乙和丙都戴黑帽子；
C.戊戴白帽子，但丁戴黑帽子；
D.丙戴黑帽子，但甲戴白帽子；
E.丙和丁都戴白帽子。

至於這道題的詳細解法，當你到達這一次邏輯旅行的終點時，你自然就會明白了。

目 錄

第三章　上帝能夠創造一塊他自己舉不起來的石頭嗎？
　　　　——命題邏輯／063

第四章　你說謊，賣國賊是說謊的，所以你是賣國賊？
　　　　——詞項邏輯／095

第五章　織女愛每一個愛牛郎的人？
　　　　——謂詞邏輯／127

第六章　愛做歸納的火雞被送上餐桌，怪誰？
　　　　——歸納邏輯／149

第七章　現代邏輯的精髓──形式化方法／185

第一章

所有的克里特島人都說謊嗎？

──邏輯起源於理智的自我反省

在古希臘和中國先秦時期，幾乎有一個共同的現象：諸子蜂起，百家爭鳴，論辯之風盛行，並且出現了一批職業性的文化人，當時叫做「智者」（如普羅泰戈拉）、「訟師」（如鄧析）、「辯者」、「察士」（如惠施、公孫龍）等。這些人聚眾爭訟，幫人打官司；或設壇講學，傳授辯論技巧，以此謀生。他們「非」常人之「所是」，「是」常人之「所非」，「操兩可之說，設無窮之辭」，提出了許多的巧辯、詭辯和悖論性命題，並發展了一些論辯技巧。他們在歷史上的形象常常是負面的。但我更願意從正面去理解他們工作的意義：他們實際上是一些智慧之士，最先意識到在人們的日常語言或思維中存在某些機巧、環節、過程，如果不適當地對付和處理它們，語言和思維本身就會陷入混亂和困境。他們所提出的那些巧辯、詭辯和悖論，實際上是對語言和思維本身的把玩和好奇，是對其中某些過程、環節、機巧的託異和思辯，是智慧對智慧本身開的玩笑，是智慧對智慧本身所進行的挑激。實際上，它們表現著或者說引發了人類理智的自我反省，並且正是從這種自我反省中，才產生了人類智慧的結晶之——邏輯學。

1.1　說謊者悖論及其他

在古希臘文明早期，有一些與邏輯學產生有關的特異的人和事，值得一說。

1.1.1　說謊者悖論

西元前 6 世紀，古希臘克里特島人埃匹門尼德（Epimenides）說了一句著名的話：

　　所有的克里特島人都說謊。

　　他究竟是說了一句真話還是假話？如果他說的是真話，由於他也是克里特島人之一，他也說謊，因此他說的是假話；如果他說的是假話，則有的克里特島人不說謊，他也可能是這些不說謊的克里特島人之一，因此他說的可能是真話。這被叫做「說謊者悖論」。

　　西元前 4 世紀，麥加拉派的歐布里德斯（Eubulides）把該悖論改述為：

　　一個人說：我正在說的這句話是假話。

　　這句話究竟是真的還是假的？如果這句話是真的，則它說的是真實的情形，而它說它本身是假的，因此它是假的；如果這句話是假的，則它說的不是真實的情形，而它說它本身是假的，因此它說的是真話。於是，這句話是真的若且唯若這句話是假的。這種由它的真可以推出它的假、並且由它的假可以推出它的真的句子，一般被叫做「悖論」。更鬆散的說法是：如果從明顯合理的前提出發，通過正確有效的邏輯推導，得出了兩個自相矛盾的命題或這樣兩個命題的等價式，則稱得出了悖論。這裡的要點在於：推理的前提明顯合理，推理過程合乎邏輯，推理的結果則是自相矛盾的命題或是這樣的命題的等價式。

　　說謊者悖論有許多變形，其中一種變形是明信片悖論，一張明信片的一面寫有一句話：「本明信片背面的那句話是真的。」翻過明信片，只見背面的那句話是「本明信片正面的那句話是假的。」無論從哪句話出發，最後都會得到悖論性結果：該明信片上的那句話為真若且唯若該句話為假。顯然，明信片悖論可以擴展為轉圈悖論。一般地說，若依次給出有窮多個句子，其中每一個都說到下一個句子的真假，並且最後一個句子斷定第一個句子的真假。如果其中出現奇數個

假，則所有這些句子構成一個悖論；如果其中出現偶數個假（包括不出現假），則不構成任何悖論。

說謊者悖論在當時就引起廣泛關注。據說斯多亞派的克里西普寫了六部關於悖論的書。

科斯的斐勒塔更是潛心研究這個悖論，結果把身體也弄壞了，瘦骨嶙峋，為了防止被風颳跑，不得不在身上帶上鐵球和石塊，但最後還是因積勞成疾而一命嗚呼。為提醒後人免蹈覆轍，他的墓碑上寫道：

> 科斯的斐勒塔是我，
>
> 使我致死的是說謊者，
>
> 無數個不眠之夜造成了這個結果。

不過，從中世紀一直到當代，悖論（包括說謊者悖論）都是一個熱門話題，並且對於下面這樣一些問題，如悖論究竟是如何產生的？又如何去克服和避免？是否應該容忍悖論，學會與它們和平共處？迄今為止，仍莫衷一是，沒有特別令人滿意的解決方案。

 ## 1.1.2　芝諾悖論和歸於不可能的證明

西元前 4 世紀，愛利亞的芝諾（Zeno of Elea, 盛年約在西元前 464 － 461 年）提出了四個關於運動不可能的論證，史稱「芝諾悖論」。

(1)二分法

假設你要達到某個距離的目標，在你穿過這個距離的全部、達到該目標之前，你必須先穿過這個距離的一半；此前，你又必須穿過這一半的一半；此前，你又必須穿過這一半的一半的一半；如此遞推，以致無窮。由於你不可能在有限的時間內越過無窮多個點，你甚至無

法開始運動，更不可能達到運動的目標。

(2)阿基里斯追不上龜

奧林匹克冠軍阿基里斯與烏龜賽跑。烏龜先爬行一段距離。在阿基里斯追上烏龜之前，他必須先達到烏龜的出發點。而在這段時間內，烏龜又爬行了一段距離。阿基里斯又要趕上這段距離，而此時間內烏龜又爬行了一段距離。於是，阿基里斯距烏龜越來越近，但永遠不可能真正追上它。

(3)飛矢不動

每一件東西，當它占據一個與它自身等同的空間時，是靜止的。而飛矢在任何一個特定的瞬間都占據一個與它自身等同的空間，因此，飛矢是靜止不動的。

(4)一倍的時間等於一半

假設有三列物體 A、B、C，A 列靜止不動，B 列和 C 列以相同的速度朝相反方向運動，如下圖所示：

A1, A2, A3, A4,

B4, B3, B2, B1→

←C1, C2, C3, C4

於是，當 B1 達到 A4 位置時，C1 達到 A1 的位置。B1 越過四個 C 的時間等於越過兩個 A 的時間。因此，一倍的時間等於一半。

芝諾還有幾個否定「多」的哲學論證，並發展了一種歸於不可能的論證方法，或者用現代術語說，即歸謬法：先假設某個命題或觀點為真，逐步推出不可能為真的命題，或明顯荒謬的命題，或自相矛盾的命題，由此得出結論：該假設命題不成立。例如，他提出如果「存在」是多，它必定既是無限大又是無限小，其數量必定既是有限的又是無限的，它一定存在於空間之中，而此空間又必定存在於彼空間

中，依此類推，以至無窮。他認為這些都是不可能的，所以「存在」必定是單一的。

　　儘管芝諾悖論是不成立的，但誠如恩格斯所言，這些悖論並不是在描述或否認運動的現象和結果，而是要說明和刻畫運動如何可能的原因，即我們應該如何在理智中、在思維中、在理論中去刻畫、把握、理解運動！我認為，對於早期文明中所出現的各種巧辯、詭辯和悖論，也應作如是觀。

1.1.3　普羅泰戈拉和「半費之訟」

　　在雅典民主制時期，人們在議論時政、法庭辯護、發表演說、相互辯論時，都需要相應的技巧或才能。於是，傳授文法、修辭、演說、論辯知識的所謂「智者」（Sophists）應運而生。

　　普羅泰戈拉（Protagoras, 約西元前 490 － 410 年）就是智者派的主要代表人物之一。他有一句膾炙人口的名言：「人是萬物的尺度。」因此，關於世上的萬事萬物，人們可以提出兩個相互矛盾的說法，對於任何命題都可以提出它的反題，並且可以論證它們兩者皆真。這樣，他的真理觀就帶有濃厚的主觀主義和相對主義色彩。在邏輯上，他最早傳授和使用了二難推理，這就是著名的「半費之訟」。

　　據說有一天，普羅泰戈拉收了一名學生叫歐提勒士(Euathlus)。普氏與他簽定了這樣一份合同：前者向後者傳授辯論技巧，教他幫人打官司；後者入學時交一半學費，另一半學費則在他畢業後幫人打官司贏了之後再交。時光荏苒，歐氏從普氏那裡畢業了。但他總不幫人打官司，普氏於是就總得不到那另一半學費。普氏為了要那另一半學費，他去與歐氏打官司，並打著這樣的如意算盤：

　　　　如果歐氏打贏了這場官司，按照合同的規定，他應該給我另一半學費。

如果歐氏打輸了這場官司，按照法庭的裁決，他應該給我另一半學費。

歐氏或者打贏這場官司，或者打輸這場官司。

總之，他應該付給我另一半學費。

但歐氏卻對普氏說：青，出於藍而勝於藍；冰，水為之而寒於水。我是您的學生，您的那一套咱也會：

如果這場官司我打贏了，根據法庭的裁決，我不應該給您另一半學費。

如果這場官司我打輸了，根據合同的規定，我不應該給您另一半學費。

我或者打贏這場官司，或者打輸這場官司。

總之，我不應該給您另一半學費。

讀者朋友，我給你提出這樣兩個問題：假如你是法官，這師徒倆的官司打到你面前來了，你怎麼去裁決這場官司？這是一個法律問題。假如你是一位邏輯學家，你又怎麼分析這師徒倆的推理？它們都成立或都不成立嗎？為什麼？這是一個邏輯問題。請你認真思考一下，並與你身邊的人討論、交流。

1.1.4 蘇格拉底的「精神助產術」

蘇格拉底（Socrates,西元前 469-399 年），堪稱哲學家的典範。據說他身材矮小，面目醜陋，步履蹣跚，十分貧窮，但他把刻在德爾斐神廟門楣上的那句格言「認識你自己」變成了他的終身踐履。據記載，德爾斐神廟的祭司傳下神諭說，沒有人比蘇格拉底更有智慧。為了驗證神諭，蘇格拉底向他在公共場合遇到的任何人質疑，特別是對

那些自詡有堅定的倫理信仰的人。他開始提問時總是很謙謹：請教一下，什麼是德行，什麼是勇氣，什麼是友誼等，然後從他的談話對象願意接受的命題和觀點開始一路追問下去。他要求他的對手給出關於這些問題的一個概括性說明和總體性定義。當他得到這類定義或說法時，他會進一步問更多的問題，以顯示這個定義可能有的弱點。在他的詰難之下，與他討論的人通常會放棄他開始給出的定義而提出一個新定義，而這個新定義接著又會受到蘇格拉底的質詢，最後這個談話對象會被弄得一臉茫然、滿腹狐疑。由此，他不僅證明了他人的無知，而且也證明了他自己除了知道自己無知外，其實也一無所知，這也就是他比其他人更有智慧的地方。蘇格拉底把這套方法比作「精神助產術」，即通過比喻、啟發等手段，用發問與回答的形式，使問題的討論從具體事例出發，逐步深入，層層駁倒錯誤意見，最後走向某種確定的知識。它包括如下所述的四個環節：

(1) 反詰：從對方論斷中推出矛盾；

(2) 歸納：從個別中概括出一般；

(3) 誘導：提出對方不得不接受的真理；

(4) 定義：對一般作出概要性解釋。

因此，亞里斯多德說：「有兩件事情公正歸之於蘇格拉底，歸納推理和普遍定義，這兩者都與科學的始點相關。」[1]

1.1.5　麥加拉派的疑難

麥加拉派因創建於西西里島的麥加拉城而著名，它在邏輯學上的主要貢獻有：條件句的性質，模態理論，以及下述怪論和疑難：

---

[1] 苗力田主編：《亞里斯多德全集》第七卷，中國人民大學出版社，1993年，第297頁。

(1)有角者

你沒有失去的東西你仍然具有。你沒有失去角，所以你有角。

(2)禿頭

頭上掉一根頭髮算不算禿頭？不算！再掉一根呢？也不算！再掉一根呢？還不算。再掉一根呢？……最後掉的一根頭髮造成了禿頭。

(3)穀堆

一粒穀算不算穀堆？不算！再加一粒呢？也不算！再加一粒呢？還不算。再加一粒呢？……最後加的一粒穀造成了穀堆。

(4)幕後的人

你認識那個幕後的人嗎？不認識。那個人是你的父親。所以，你不認識你的父親。

(5)知道者怪論

厄勒克特拉不知道站在她面前的這個人是她的哥哥，但她知道奧列斯特是她的哥哥。站在她面前的這個人與奧列斯特是同一個人。所以，厄勒克特拉既知道又不知道這同一個人是她哥哥。

(6)狗父

這是一隻狗，牠是一個父親，牠是你的，所以，牠是你的父親。你打牠，就是打自己的父親。

(7)鱷魚悖論

一條鱷魚從一位母親手裡搶走了她的小孩，並要母親猜牠是否會吃掉小孩，條件是：如果她猜對了，牠就交還小孩；如果她猜錯了，

牠就吃掉小孩。該位母親答道：牠將會吃掉她的小孩。結果如何呢？
如果母親猜對了，那麼按照約定，鱷魚應交還小孩；但這樣一來，母
親就猜錯了，又按照約定，鱷魚應吃掉小孩。如果母親猜錯了，按照
約定，鱷魚應吃掉小孩；但這樣一來，母親就猜對了，又按照約定，
鱷魚要交還小孩。於是，鱷魚應吃掉小孩，若且唯若，鱷魚應交還小
孩。不論怎樣，鱷魚都無法執行自己的約定。

　　除最後的「鱷魚悖論」是斯多亞派提出的之外，其他的怪論和疑
難都屬於麥加拉派。其中，(2)和(3)類似，(4)和(5)類似。(4)和(5)實際上
涉及到同一替換原則在「認識」、「知道」這類詞彙所構成的語境中
的有效性問題，已經成為20世紀新興的內涵邏輯的討論和處理對象。
如前所述，麥加拉派的歐布里德斯還把說謊者悖論加以強化，使之成
為嚴格的悖論。

1.2　合同異、離堅白、白馬非馬

　　歷史常常驚人的類似，只不過換了時間、場景和人物。與相距遙
遠的古希臘相比，在中國先秦時期前後，也有一些相似的人物、學派
在盡情表演，有一些相似的有趣故事在發生。例如，名家足以與古希
臘的智者派相媲美，司馬遷在《論六家之要旨》中評論說：「名家，
苛察繳繞，使人不得反其意，專決於名，而失人情。故曰：使人檢而
善失真。若夫控名責實，參伍不齊，此不可不察也。」也就是說，名
家的過失在於過細地考察名詞、概念而流於煩瑣，纏繞不識大體而丟
掉事物的真相，違背人們的原意，其功績則在於使人調整和矯正錯綜
複雜的名實關係，故也值得重視。

1.2.1 鄧析的「兩可之說」

鄧析（西元前 545 －前 501 年），名家最早的代表人物，當時著名的訟師，並以此謀生。《呂氏春秋》說：「子產治鄭，鄧析務難之。與民有獄者約，大獄一衣，小獄襦褲。民之獻衣、襦褲而學訟者，不可勝數。以非為是，以是為非，是非無度，而可與不可日變。」《荀子·非十二子》說：「不法先王，不是禮儀，而好治怪說，玩琦辭，甚察而不惠，辯而無用，多事而寡功，不可以為綱紀。然而其持之有故，其言之成理，足以欺惑愚眾，是惠施、鄧析也。」

鄧析常持「兩可之說」，有一個著名的例子：「洧水甚大，鄭之富人有溺者，人得其屍者，富人請贖之，其人求金甚多，以告鄧析。鄧析曰：『安之，人必莫之賣矣。』得屍者患之，以告鄧析。鄧析又答之：『安之，此必無所更買矣。』」鄧析的話看似矛盾，其實沒有什麼矛盾，因為鄧析是一位訟師，其職責是法律諮詢和代理。當他為死者家屬出主意時，他是站在死者家屬的立場上說話；當他為得屍者出主意時，他在站在得屍者的立場上說話。他的兩個主意間的衝突只不過是死者家屬與得屍者之間利益衝突的表現，並不是什麼邏輯上的矛盾。

據說，鄧析還提出過一些有違常識的命題，如「山淵平」（山與淵一樣平），「天地比」（天與地一樣高），「齊秦襲」（相距遙遠的齊國和秦國是接壤的），「鉤有須」（「鉤」即嫗，指年老的婦女有鬍鬚），「卵有毛」（有毛的雞雛從卵中孵出，故卵有毛），「入乎耳，出乎口」，等等。

1.2.2 惠施的「歷物之意」

惠施（約西元前 370 －前 310 年），曾任魏國宰相，名家的主要

代表之一，思想上承鄧析。據記載，「惠施多方，其書五車，其道舛駁，其言也不中」，並且「善譬」，即擅長用比喻來說明某個道理。他與莊子之間發生過一次著名的「濠梁之辯」：

　　莊子與惠子遊於濠梁之上。莊子曰：「儵魚出游從容，是魚之樂也。」惠子曰：「子非魚，安知魚之樂。」莊子曰：「子非我，安知我不知魚之樂？」惠子曰：「我非子，故不知子矣；子故非魚也，子之不知魚之樂，全矣。」莊子曰：「請循其本。子曰『汝安知魚樂』云者，既已知吾知之而問我，我知之濠上也。」（《莊子・秋水》）

對於這場論戰的勝負，這裡暫且不去管它，我們有興趣的是惠施的「歷物之意」。「歷」有分辨、治理之意；「意」指思想上的斷定和判斷。「歷物之意」是惠施對世上萬物觀察分析後所得出的一些基本判斷，共有以下十條：

(1)「至大無外，謂之大一；至小無內，謂之小一。」這實際上是惠施給「大一」和「小一」所下的兩個定義，可以看做是「分析命題」。

(2)「無厚不可積也，其大千里。」沒有厚度的面積不可能成為厚的東西，卻可以大至千里。

(3)「天與地卑，山與澤平。」世上的高低差別具有相對性。

(4)「日方中方睨，物方生方死。」世上萬物無時無刻不在變化中。

(5)「大同而與小同異，此之謂小同異。萬物畢同畢異，此之謂大同異。」世上萬物既有同一又有差別。自其同者視之，物我齊一，天地一體；自其異者視之，肝膽楚越，世上沒有兩片相同的樹葉，太陽每天都是新的。

(6)「南方無窮而有窮。」「南方無窮」是當時人們的共識，惠施

認為南方最終也以海為限，因而有窮。更深的含義可能是：有窮和無窮是相對的。

(7)「今日適越而昔來。」今天動身去越國，而昨天已經到了。由於今天和昨天都是相對而言的，假如可以隨意變換時間坐標系，還有什麼說法不可以？！

(8)「連環可解也。」一般認為連環不可解，但假如敞開思路，以「不解」為解，以「解體」（損壞）為解，以「指出不可解」為解，甚至以「可計算連環的圓周、半徑、直徑等」為解，那麼，還有甚麼樣的連環不可解？！

(9)「我知天下之中央，燕之北、越之南是也。」當時的常識是，中國是天下的中央，燕南越北即華夏民族聚居區，則是中國的中央。而惠施偏認為，燕北越南是天下的中央。司馬彪給出了合理的解釋：「天下無方，故所在為中；循環無端，故所在為始也。」

(10)「泛愛萬物，天地一體也。」既然一切都是相對的，物我齊一，天地一體，故應當泛愛萬物。

惠施的「歷物十事」在當時產生了很大的影響，其他辯者提出了「二十一事」與他相唱和：

> 惠施以此為大觀於天下，而曉辯者；天下之辯者，相與樂之。卵有毛。雞三足。郢有天下。犬可以為羊。馬有卵。丁子有尾。火不熱。山出口。輪不碾地。目不見。指不至，至不絕。龜長於蛇。矩不方，規不可以為圓。鑿不圍枘。飛鳥之影未嘗動也。鏃矢之疾，而有不行不止之時。狗非犬。黃馬驪牛三。白狗黑。孤駒未嘗有母。一尺之捶，日取其半，萬世不竭。辯者以此與惠施相應，終身無窮。（《莊子·天下》）

在這「二十一事」中，「輪不碾地」、「飛鳥之影未嘗動也」、「鏃矢之疾，而有不行不止之時」、「一尺之捶，日取其半，萬世不

竭」與前面所說的「芝諾悖論」十分相似。「雞三足」和「黃馬驪牛三」的手法是相似的，指雞有「左足」、「右足」，再加上「雞足」，於是「雞三足」。顯然，這是把一個集合當做了該集合自身的一個元素，這樣的集合是非正常集合，容許這樣的集合存在，將導致悖論，羅素悖論即「所有不屬於自身的集合所組成的集合是否屬於自身？」就證明了這一點。「孤駒未嘗有母」，辯者的理由是「有母非孤駒也」。這就是說，他們通過對「孤駒」的語義分析，得出了「孤駒無母」的命題，並由此推出「孤駒一直無母」的結論。顯然，這個推理是錯誤的，《墨經》在反駁它時區分了兩種「無」：一種是「無之而無」，即從來沒有，如「無天陷」之「無」；另一種是「有之而無」，如先有馬，後無馬，即先有而後失之「無」。這種「無」「有之而不可去，說在嘗然」（曾經如此），並說：「已然而嘗然，不可無也。」這就是說，《墨經》認為正確的命題是：「孤駒現在無母，但曾經有母」，而這就擊破了辯者的詭辯。

　　有些學者把「二十一事」分為兩組，一為「合同異組」，包括「卵有毛」、「雞三足」、「郢有天下」、「犬可以為羊」、「馬有卵」、「丁子有尾」、「山出口」、「龜長於蛇」、「白狗黑」、「黃馬驪牛三」；一為「離堅白組」，包括「火不熱」、「輪不碾地」、「目不見」、「指不至，至不絕」、「矩不方，規不可以為圓」、「鑿不圍枘」、「飛鳥之影未嘗動也」、「鏃矢之疾，而有不行不止之時」、「狗非犬」、「孤駒未嘗有母」、「一尺之捶，日取其半，萬世不竭」。「這樣分的結果，從形式看，前者均為肯定命題，後者均為否定命題（帶有「不」、「未」、「非」等否定詞）。前者傾向於從差異性中看出同一性，用的是異中求同法；後者傾向於從同一性中看出差異性，用的是同中求異法。」②此說有理。

- -

② 參見孫中原：《中國邏輯史（先秦）》，中國人民大學出版社，1987 年，第 107－108 頁。

1.2.3 公孫龍和白馬非馬

公孫龍（約西元前 325 －前 250 年），戰國末期人，曾為趙國平原君門下客卿，名家的主要代表人物之一，歷史上以「白馬非馬」和「堅白之辯」而聞名。據說，有一次他騎馬過關，關吏說：「馬不准過。」公孫龍答道：「我騎的是白馬，白馬非馬」關吏被他弄糊塗了，於是連人帶馬一起放過關。

1.2.3.1 白馬非馬

《公孫龍子》是他的著作輯成，其中有一篇〈白馬論〉，其主要命題是「白馬非馬」，對它的論證則包括：

(1)從概念的內涵說

「馬者，所以命形也；白者，所以命色也。命色者非命形也。故曰：白馬非馬。」這就是說，「馬」的內涵是一種動物，「白」的內涵是一種顏色，「白馬」的內涵是一種動物加一種顏色。三者內涵各不相同，所以白馬非馬。

(2)從概念的外延說

「求馬，黃黑馬皆可致。求白馬，黃黑馬不可致。……故黃黑馬一也，而可以應有馬，而不可以應有白馬，是白馬非馬審矣。」「馬者，無去取於色，故黃黑馬皆所以應。白馬者，有去取於色，黃黑馬皆所以色去，故惟白馬獨可以應耳。無去取非有去取也，故曰：白馬非馬。」這就是說，「馬」的外延包括一切馬，不管其顏色如何；「白馬」的外延只包括白馬，有相應的顏色要求。由於「馬」和「白馬」的外延不同，所以白馬非馬。

(3)從共相的角度說

「馬固有色，故有白馬，使馬無色，有馬如已耳。安取白馬？故白者，非馬也。白馬者，馬與白也，白與馬也。故曰：白馬非馬也。」這似乎是在強調，「馬」這個共相與「白馬」這個共相不同。「馬」的共相，是一切馬的本質屬性，不包括顏色，僅只是「馬作為馬」。而「白馬」的共相包括顏色。於是，馬作為馬不同於白馬作為白馬，所以白馬非馬。

關於「白馬非馬」這個命題的意義，人們有不同的理解。一是把其中的「非」理解為「不等於」，「白馬非馬」是說「白馬不等於馬」，它把「屬」和「種」、「類」和「子類」區分開來，因此是一個正確、科學的命題。一是把「非」理解為「不屬於」，「白馬非馬」是說「白馬不屬於馬」，因此它是一個虛假、錯誤的命題。公孫龍的意思究竟是什麼？在我看來，他是通過「白馬不等於馬」來論證「白馬不屬於馬」，因而是在進行詭辯。

 1.2.3.2　堅白之辯

《公孫龍子》中另有一篇〈堅白論〉，其主要命題是「堅白相離」，並給出了兩個論證：

(1)知識論論證

假設有堅白石存在，問：「堅白石三，可乎？曰：不可。二，可乎？曰：可。何哉？無堅得白，其舉也二；無白得堅，其舉也二。」「視不得其所堅而得其所白者，無堅也；撫不得其所白而得其所堅者，無白也。」這就是說，用眼睛看，只能感知到有一白石而不能感知到有一堅石；用手摸，只能感知到有一堅石，而不能感知到有一白石。因此，堅、白相離。

(2)本體論論證

堅、白二者作為共相，儘管體現在一切堅物和白物身上，但它們本身卻是不定所堅的堅，是不定所白的白。即使這個世界中完全沒有堅物和白物，堅還是堅，白還是白。堅、白作為共相，獨立於堅白石以及一切堅物和白物而存在。這一點的事實根據在於：在這個世界上，有些物堅而不白，有些物白而不堅。所以，堅、白相離。

1.2.4 《墨經》的邏輯學

墨子，姓墨名翟（約西元前480—前420年），中國戰國初期思想家，墨家學派的創始人。現存《墨子》一書，其思想導源於墨子，經眾多墨家後學陸續編撰而成。其中〈經上〉、〈經下〉、〈經說上〉、〈經說下〉、〈大取〉、〈小取〉六篇，合稱《墨經》，是後期墨家的創作，為中國先秦時期邏輯學說的最重要經典。

格言：夫辯者，將以明是非之分，審治亂之紀，明同異之處，察名實之理，處利害，決嫌疑。焉摹略萬物之然，論求群言之比。以名舉實，以辭抒意，以說出故。以類取，以類予。有諸己不非諸人，無諸己不求諸人。——《墨經》

墨翟（約西元前 480 －前 420 年）及其弟子形成墨家學派，曾風靡於整個戰國時期，號稱「顯學」。《墨經》是後期墨家的創作，包括〈經上〉、〈經下〉、〈經說上〉、〈經說下〉、〈大取〉、〈小取〉等六篇。《墨經》討論了「名」；其作用是「以名舉實」，其種類有達名、類名、私名，形貌之名和非形貌之名，兼名和體名等。也討論了「辭」，其作用是「以辭抒意」，其種類有「合」（直言命題）、「假」（假言命題）、「盡」（全稱命題）、「或」（特稱命題）、「必」（必然命題）、「且」（可能命題）等。但《墨經》論述的重點在「說」與「辯」。「以說出故」，「說，所以明也」。「說」就是提出理由、根據、論據（即所謂「故」）來論證某個論題。「辯，爭彼也。辯勝，當也」，下面一段話則是關於「辯」的一個總說明：

> 夫辯者，將以明是非之分，審治亂之紀，明同異之處，察名實之理，處利害，決嫌疑焉。摹略萬物之然，論求群言之比。以名舉實，以辭抒意，以說出故。以類取，以類予。有諸己不非諸人，無諸己不求諸人。（〈小取〉）

這裡，前半段是說辯的目的和功用，後半段是說辯的方法和原則。〈小取〉談到了七種具體論式：或，假，效，辟，侔，援，推；〈經說〉上下說到過「止」。「推」和「止」主要用於反駁，其他六種均同時適用於「說」和「辯」。這裡，將這八種論式概要解釋如下：

(1)「或也者，不盡也。」「或」相當於選言推理。

(2)「假也者，今不然也。」假設當下沒有發生的情況，並進行推理，相當於假言推理。

(3)「效者，為之法也。所效者，所以為之法也。」在「立辭」之前提供一個評判是非的標準，再看所立的「辭」是否符合這個標準：

「中效，則是也；不中效，則非也。此效也。」

(4)「辟也者，舉他物而以明之也。」「辟」即譬喻，相當於類比推理。

(5)「侔也者，比辭而俱行也。」例如，「狗，犬也；故殺狗即殺犬也。」相當於附性法直接推理，是一種易錯的推理形式。

(6)「援也者，曰：子然，我奚獨不可以然也？」即通過援引對方來作類比推理，證明自己的觀點也成立。

(7)「推也者，以其所不取之同於所取者予之也。『是猶謂』也者，同也；『吾豈謂』也者，異也。」即通過揭示對方所否定的命題（「所不取者」）和對方所肯定的命題（「所取者」）屬於同類，從而推出只能對它們加以同樣的肯定或否定，而不能二者擇一。它主要是一種反駁方法。

(8)「止，因以別道。」（〈經上〉）「止」是舉反面例證來推翻一個全稱命題：「彼舉然者，以為此其然者，則舉不然者而問之。若『聖人有非而不非。』」（〈經說下〉）

 ## 1.3　邏輯基本規律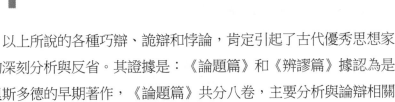

以上所說的各種巧辯、詭辯和悖論，肯定引起了古代優秀思想家們的深刻分析與反省。其證據是：《論題篇》和《辨謬篇》據認為是亞里斯多德的早期著作，《論題篇》共分八卷，主要分析與論辯相關的問題，提出了著名的「四謂詞」學說：《辨謬篇》被認為是《論題篇》的第九卷，主要揭示和分析各種謬誤和詭辯，並提出了反駁的方法。《墨經》中也有大量內容是分析和反駁思維中的謬誤和詭辯的。印度邏輯分為婆羅門的正理邏輯和佛教的因明學，其中都有關於謬誤和詭辯的理論，叫做「過論」或「論過」。在針對一些具體的謬誤和

詭辯提出具體的解決方法時，古代思想家們不能不思考這樣的問題：為了正確地使用語言和思維，為了使理性的交談能夠順利進行，人們是否應當遵循某些一般的原則、假定或者規律？據現有史料，他們確實這樣做了，並各自提出和表述了同一律、矛盾律和排中律，近代的萊布尼茲則提出了充足理由律，這四條規律後來被稱為「思維基本規律」或「邏輯基本規律」。

1.3.1　「存在的東西存在」

古希臘哲學家巴門尼德（Parmenides，盛年約在西元前 504 － 501 年）可能最先模糊地表述了同一律的思想。他提出，通向真理有兩條截然不同的途徑：「第一條是，存在物是存在的，是不可能不存在的，這是確信的途徑，因為它通向真理；另一條則是，存在物是不存在的，非存在必然存在，這一條路，我告訴你，是什麼也學不到的。」[3]當然，這裡的同一律首先具有本體論意義，然後才具有認識論和邏輯學的意義。柏拉圖在〈斐多篇〉中指出：思維必須與其自身一致，而我們所有的確信都必須彼此一致。[4]《墨經》中說：「正名者，彼彼此此可。彼彼止於彼，此此止於此。」（〈經下〉）也就是說，所使用的語詞、概念必須名實相符。

後來，經過歷代邏輯學家的整理，同一律被作為思維的規律加以表述。其內容是：在同一思維過程中，一切思想都必須與自身保持同一。更具體地說，(1)在同一思維過程中，必須保持概念自身的同一，否則就會犯「混淆概念」或「偷換概念」的錯誤；(2)在同一思維過程中，必須保持論題自身的同一，否則就會犯「轉移論題」或「偷換論題」的

---

[3] 北京大學哲學系編：《古希臘羅馬哲學》，商務印書館，1982 年，第 60 頁。

[4] 參見 A. Dumitriu:*History of Logic*, Abacus Press, Roumania, 1977, vol. 1, p. 120.

錯誤，也就是說，同一律要求在同一思維過程（同一思考、同一表述、同一交談、同一論辯）中，在什麼意義上使用某個概念，就自始至終在這個唯一確定的意義上使用這個概念；討論什麼論題，就討論什麼論題，不能偏題、離題、跑題。同一律的作用在於保證思維的確定性。

----------‖ 例 1 ‖----------

警察：「你為什麼騎車載人，懂不懂交通規則？」

騎車人：「我以前從沒有騎車載人，這是第一次。」

下述那段對話中出現的邏輯錯誤與題幹中的最為類似？

A.審判員：「你作案後跑到什麼地方去了？」

　被告：「我沒作案。」

B.母親：「我已經告訴過你準時回來，你怎麼又晚回來一小時？」

　女兒：「你總喜歡挑我的毛病。」

C.老師：「王林同學昨天怎麼沒完成作業？」

　王林：「我爸爸昨天從法國回來了。」

D.張三：「你已經停止打你的老婆了嗎？」

　李四：「我從來就沒有打過老婆。」

E.谷菲：「昨晚的舞會真過癮，特別是那位歌星的歌特別煽情。」

　白雪：「他長得也特別酷，帥呆了！」

---- 解　析 ----

在題幹中，騎車人並沒有回答警察的問題，而是尋找藉口希望得到警察的諒解，犯了「轉移論題」的邏輯錯誤。在諸選項中，A、C、D、E中答者的回答都與問者的問題相關，只有B中女兒所答非問，轉移論題，因此答案是B。

----------‖ 例 2 ‖----------

張先生買了隻新手錶。他把新手錶與家中的掛鐘對照，發現手錶比

掛鐘一天慢了三分鐘；後來他又把家中的掛鐘與電臺的標準時對照，發現掛鐘比電臺標準時一天快了三分鐘。張先生因此推斷：他的錶是準確的。

以下哪項是對張先生推斷的正確評價？

A. 張先生的推斷是正確的，因為手錶比掛鐘慢三分鐘，掛鐘比標準時快了三分鐘，這說明手錶準時。

B. 張先生的推斷是正確的，因為他的手錶是新的。

C. 張先生的推斷是錯誤的，因為他不應該把手錶和掛鐘比，應該直接和標準時比。

D. 張先生的推斷是錯誤的，因為掛鐘比標準時快三分鐘，是標準時的三分鐘；手錶比掛鐘慢三分鐘，是不標準的三分鐘。

E. 張先生的推斷既無法斷定為正確，也無法斷定為錯誤。

023

解　析

答案是 D。因為兩個三分鐘不是同一概念，前一個「三分鐘」是與不準確的掛鐘相對照的結果，因而是不準確的三分鐘；後一個「三分鐘」是與標準時間相對照的，是準確的三分鐘。張先生的推斷違反同一律，犯了「混淆概念」的錯誤。

違反同一律的錯誤中，有一被叫做「稻草人謬誤」。這是指：在論辯過程中，通過歪曲對方來反駁對方，或者通過把某種極端荒謬的觀點強加給對方來醜化對方的詭辯手法，就像豎起一個稻草人做靶子，並自欺欺人地以為：打倒了這個稻草人就是打倒了對方。歪曲對方觀點的重要手法有誇張、概括、限制、引申、簡化、省略、虛構⋯等等。在以前的各種政治運動特別是「文化大革命」運動中，此類手法被運用到登峰造極的程度。但是，無論在邏輯上還是在人們的心理上，此類詭辯手法都是不管用的。因為批判的態度應該是科學的態度：在批判對方時，在與對方論戰時，每個人都有義務忠實地轉達對

方的觀點，並在此基礎上與之展開論戰，這是邏輯的要求，也是道德的要求！

-------‖ 例 3 ‖-------

　　無政府主義者故意把馬克思主義的一個重要論點「人們的經濟地位決定人們的意識」，歪曲為「吃飯決定思想體系」，並對這個荒謬的論點大加攻擊。斯大林揭露了這一偷換論題的詭辯手法：「請諸位先生們告訴我們吧：究竟何時、何地、在哪個行星上，有哪個馬克思說過『吃飯決定思想體系』呢？為什麼你們沒有從馬克思著作中引出一句話或一個字來證實你們的這種論調呢？誠然，馬克思說過，人們的經濟地位決定人們的意識，決定人們的思想，可是誰向你們說過吃飯和經濟地位是同一種東西呢？難道你們不知道，像吃飯這樣的生理現象是與人們的經濟地位這種社會現象根本不同的嗎？」

1.3.2 「不可同世而立」

　　中外許多古代思想家都有思維不能自相矛盾的思想。在古希臘，亞里斯多德則對此給予了最明確的表述。他在《形而上學》一書中指出：「同一事物，不可能在同一時間內既存在又不存在，也不允許有以同樣方式與自身相對立的東西。」「對立的陳述不能同時為真。」「對於同一事物相反的主張決不能是真的。」⑤這實際上是把矛盾律同時表述為存在的規律、邏輯的規律、語義的規律等。《墨經》中也用它特有的語言表述了矛盾律：「彼，不兩可兩不可也。」（〈經上〉）「或謂之牛，或謂之非牛，是爭彼也。是不俱當，必或不當。不當若犬。」（〈經說上〉）

⑤ 苗力田主編：《亞里斯多德全集》第七卷，第 248 頁，第 106 頁，第 248 頁。

矛盾律應該叫做禁止矛盾律，或不矛盾律。其內容是指兩個互相矛盾或互相反對的命題不能同真，必有一假。其邏輯要求是：在兩個互相矛盾或互相反對的命題中，必須否定其中一個，不能兩個都肯定。（這裡，兩個命題互相矛盾，是指它們不能同真，也不能同假；兩個命題互相反對，是指它們不能同真，但可以同假。）否則，就會犯「自相矛盾」的邏輯錯誤。

‖ 例 4 ‖

《韓非子》中寫道：「楚人有鬻盾與矛者，譽之曰：『吾盾之堅，物莫之能陷也。』又譽其矛曰：『吾矛之利，於物無不陷也。』或曰：『以子之矛，陷子之盾，何如？』其人弗能應也。夫不可陷之盾與無不陷之矛，不可同世而立。」

以下那些議論與那位楚人一樣犯有類似的邏輯錯誤，除了：

A. 電站外高掛一塊告示牌：「嚴禁觸摸電線！500 伏特高壓電一觸即死，違者法辦！」

B. 一位小伙子在給他女朋友的信中寫到：「愛你愛得如此之深，以至願為你赴湯蹈火。星期六若不下雨，我一定來。」

C. 狗父論證：「這是一條狗，牠是一個父親。而牠是你的，所以牠是你的父親。你打牠，就是在打自己的父親。」

D. 他的意見基本正確，一點錯誤也沒有。

E. 今年研究生考試，我有信心考上，但卻沒有把握。

── 解　析 ──

儘管「狗父論證」是一個完全無效的論證，但其中並沒有「自相矛盾」的錯誤，而其他各項都有「自相矛盾」的錯誤。所以，正確答案是 C。

找出話語之間表面上的矛盾儘管也是必要的，但更重要的是要挖

掘一個理論內部隱藏著的矛盾，而這需要洞察力、邏輯訓練和相關的知識。例如，《墨經》中說，「以言為盡悖，悖，說在其言。」（〈經下〉）「之人之言可，是不悖，則是有可也；之人之言不可，以當，必不當。」（〈經說下〉）又如，亞里斯多德的理論「物體的下落速度與物體的重量成正比」統治物理學近兩千年。伽里略通過一個思想實驗對它提出了質疑。他假設亞氏的理論成立，並設想有這樣兩個物體：A 重 B 輕，按照亞氏理論，下落時 A 快 B 慢。再設想把 A、B 兩個物體綁在一起形成 A+B，A+B 顯然比 A 重，按照亞氏理論，A+B 下落比 A 快；A+B 中原來 A 快 B 慢，在下落時慢的 B 拖住了快的 A（即兩物的合成速度小於等於其中最快的那個物的速度），因此，A+B 下落比 A 慢。矛盾，亞氏理論不成立。伽里略於是提出了他自己的理論：（在真空條件下）物體的下落速度與物體的重量沒有關係，據說還進行了一次著名的比薩斜塔實驗來證實他的理論。

‖ 例 5 ‖

某珠寶商店失竊，甲、乙、丙、丁四人涉嫌被拘審。四人的口供如下：

甲：案犯是丙。

乙：丁是罪犯。

丙：如果我作案，那麼丁是主犯。

丁：作案的不是我。

四個口供中只有一個是假的。

如果以上斷定為真，則以下哪項是真的？

A. 說假話的是甲，作案的是乙。

B. 說假話的是丁，作案的是丙和丁。

C. 說假話的是乙，作案的是丙。

D. 說假話的是丙，作案的是丙。

E. 說假話的是甲，作案的是甲。

> ── 解 析 ──
>
> 答案是 B。乙和丁的口供互相矛盾，根據矛盾律，必有一假。又由「四個口供中只有一個是假的」這一條件，得知甲和丙說真話，由此又可推出「丁是主犯」。因此，丁說假話，作案的是丙和丁。

027

 ### 1.3.3 排中律和二值原則

亞里斯多德明確表述了排中律：「在對立的陳述之間不允許有任何居間者，而對於同一事物必須要麼肯定要麼否定其某一方面。這對於定義什麼是真和假的人來說是十分清楚的。」⑥《墨經》中則說：「彼，不兩可兩不可也。」（〈經上〉）「謂辯無勝必不當。說在辯。」（〈經下〉）「所謂非同也，則異也。同則或謂之狗，或謂之犬。異則或謂之牛，其或謂之馬也。俱無勝，是不辯也。辯也者，或謂之是，或謂之非，當者勝也。」（〈經說下〉）

排中律的內容是：兩個互相矛盾的命題不能同假，必有一真。其邏輯要求是：對兩個互相矛盾的命題不能都否定，必須肯定其中一個，否則會犯「兩不可」的錯誤。（不過，這裡要注意，對兩個互相反對的命題，雖然不能同時都肯定，卻可以同時都否定。）排中律也可以這樣來表述：任一命題必定或者為真或者為假，非真即假，非假即真。這就是所謂的「二值原則」，如亞里斯多德所言：「關於現在和過去所發生事情的判斷，無論是肯定還是否定，必然或者是真實的，或者是虛假的。」⑦一般使用的邏輯都是建立在二值原則之上的，因此叫做「二值邏輯」。排中律的作用在於保證思維的明確性。

---

⑥ 苗力田主編：《亞里斯多德全集》第七卷，第 106 頁。
⑦ 苗力田主編：《亞里斯多德全集》第一卷，第 57 頁。

‖ 例 6 ‖

一天，小方、小林做完數學題後發現答案不一樣。小方說：「如果我的不對，那你的就對了。」小林說：「我看你的不對，我的也不對。」旁邊的小剛看了看他們倆人的答案後說：「小林的答案錯了。」這時數學老師剛好走過來，聽到了他們的談話，並查看了他們的運算結果後說：「剛才你們三個人所說的話中只有一句是真的。」

請問下述說法中哪一個是正確的？

A. 小方說的是真話，小林的答案對了。

B. 小剛說的是真話，小林的答案錯了。

C. 小林說對了，小方和小林的答案都不對。

D. 小林說錯了，小方的答案是對的。

E. 小剛說對了，小林和小方的答案都不對。

── 解 析 ──

題幹中小方和小林的話是相互矛盾的，因此根據排中律，其中必有一句是真的。既然老師說三句話中只有一句是真的，則小剛的話是假的，由此可知小林的答案沒有錯，於是又可知道小林的話是假的，而小方的話是真的。因此，正確答案是 A。

 ## 1.3.4 萊布尼茲和充足理由律

古希臘哲學家特別強調推理、論證的作用，並且構造了許多著名的推理和論證。柏拉圖指出：我們的斷定必須從理由中產生。僅僅當其根據是已知的時，知識在性質上才是科學的。[8]有人認為，「充足理由律是亞里斯多德全部邏輯學的動力，因為亞氏把邏輯學理解為

⑧ 參見 A. Dumitriu: *History of Logic*, Abacus Press, Roumania, 1977, vol. l. p, 120.

關於證明的科學，理解為根據充足理由分辨真實和虛假的科學。」
《墨經》中也說：「夫辭以故生。立辭而不明於其所生，妄也。」
（〈大取〉）即是說，論斷憑藉理由而產生，提出論斷而不明確它賴以
產生的理由，就是虛妄的。並且，墨家還把「故」分為「大故」、「小
故」：小故是「有之不必然，無之必不然」，相當於必要條件；大故是
「有之必然，無之必不然」，相當於充分必要條件。不過，比較公認的
說法是，最先明確表述充足理由律的是德國哲學家、數學家萊布尼茲

　　萊布尼茲（Gottfried Wilhelm Leibniz, 西元 1646-1716 年），德國哲
學家，科學家，其主要著作有：《形而上學談話》，《人類理智新
論》，《神正論》，《單子論》等。他試圖創立一種普遍的語言和普遍
的數學，把所有的推理都化歸於計算，讓推理的錯誤都成為計算的錯
誤，並為此付出了很多努力，是數理邏輯的創始人。
　　格言：我們的推理是建立在兩大原則之上的，一是矛盾原則，憑藉
這一原則，我們判定包含矛盾者為假，與假相對立或矛盾者為真；另一
是充足理由原則，憑藉這一原則，我們認為，任何一件事如果是真實的
或實在的，任何一個陳述如果是真的，就應該有一個為什麼是這樣而不
是那樣的充足理由，雖然這些理由常常不能為我們所知道。

----

⑨ 阿赫曼諾夫：《亞里斯多德邏輯學說》，上海譯文出版社，1980 年，第 168 頁。

030

（G. W. Leibniz, 西元 1646 － 1716 年）。他認為，我們的推理是建立在兩大原則之上的，一個是矛盾原則，即思維中不允許自相矛盾；另一個就是充足理由原則：「任何一件事如果是真實的或實在的，任何一個陳述如果是真實的，就必須有一個為什麼這樣而不那樣的充足理由，雖然這些理由常常總是不能為我們所知道的。」[10]關於充足理由律是不是邏輯基本規律，存在著不同的爭論意見，並且占主導地位的意見似乎是認為它不是邏輯基本規律。不過，我個人卻傾向於把它當做思維基本規律，並給出了我的論證。[11]在我看來，充足理由律的內容是：在同一思維和論證過程中，一個思想被確定為真，要有充足的理由。具體要求有以下三點：(1)對所要論證的觀點必須給出理由；(2)給出的理由必須真實；(3)從給出的理由必須能夠推出所要論證的論點。否則，就會犯「沒有理由」、「理由虛假」和「推不出來」的錯誤。充足理由律的作用在於確保思維的論證性。

「沒有理由」並不是完全不給出任何理由，而是好像在給出理由，但這些所謂的「理由」其實不是理由，它們與所要論證的觀點之間不相干，或很少相干。

-------------‖ 例 7 ‖-------------

古代，一家有祖孫三代。爺爺經過寒窗苦讀，由農民子弟考中狀元，做了大官。不料他的兒子卻遊手好閒，一事無成。但他的孫子卻考上了探花。於是，爺爺就經常抱怨他的兒子，說他們家就他一個人不爭氣。但他的兒子卻說：「你的父親不如我的父親，你的兒子不如我的兒子，我比你還爭氣！」

---

[10] 北京大學哲學系編：《十六－十八世紀西歐各國哲學》，商務印書館，1961 年，第 488 頁。

[11] 參看陳波：《邏輯哲學導論》，中國人民大學出版社，2000 年，第 223 － 225 頁。

解　析

　　一個人是否爭氣，主要看他自己的作為，而與他父親、兒子的作為沒有多大關係。因此，那位兒子所引用的證據與他要證明的結論「我比你還爭氣」不相干。

　　這種「不相干」的錯誤有許多具體表現形式，它們都是以貌似給出理由的方式，行「毫不講理」、「蠻不講理」之實。如：

(1)訴諸個人

　　即以對論敵的品質評價來論證其人某種言論的錯誤。例如：「你們不要相信他的話，他因亂搞男女關係受過處份。」顯然，一個人品性的好壞與他觀點的正確與否之間沒有直接的邏輯聯繫。

(2)訴諸情感

　　即用激發眾人感情的辦法來代替對某個論題的論證。不論述自己的觀點何以成立，而是以嘩眾取寵來取勝，叫做「訴諸公眾」。例如，「我所主張的只不過是大多數公眾的觀點，你反對我，就是在與公眾作對。不信你問一問在場的人？」不去陳述某個觀點成立的理由，而促使別人同情持有這種觀點的人，以圖僥倖取勝，叫做「訴諸憐憫」。例如，有的犯罪嫌疑人在法庭上痛哭流涕地說道：「我上有年邁的、失去自理能力的老母，下有一個正在上小學的孩子，如果給我判刑，關入監獄，他們該怎麼辦呀！」

(3)訴諸權威

　　或者說亂引權威，包括引用權威人士的無關言論或隻字片語乃至錯誤的言論，來代替對論點的論證：或以權威人士從未說過如此來反對某種觀點。例如，「愛因斯坦這麼說，你竟敢不同意？」

031

(4)訴諸無知

斷定某事如此的理由是沒有人說過它不是如此。例如，「我堅信有鬼存在，不然那些怪事怎麼解釋？」「因為沒有證據表明上帝不存在，所以上帝是存在的。」

(5)數據與結論不相干

請看下面兩段議論：

‖ 例 8 ‖

某位酒廠老板對自己廠出的酒讚不絕口，因為每一百位消費者中只有三位投訴該酒有質量問題。他說：「這就是說，有 97% 的消費者對我廠的產品滿意，由此可以看出我廠的酒是多麼好。建議你們也經常買我們廠的酒喝。」

解 析

這位廠長把統計數據用到了風馬牛不相及的結論上。很顯然，只有 3% 的消費者投訴，並不能說明未投訴的消費者就對其產品非常滿意，有些人也許嫌麻煩，有些人也許認為不值得而沒有投訴，只是再也不打算買該廠的酒罷了。

「理由虛假」指用虛假的理由充當論據去證明某種東西，但實際上根本起不到這種證明作用。例如，「所有的猴子都是人變的，金絲猴是猴子，所以金絲猴也是人變的。」這個推理的大前提明顯為假，因此它不能證明它的結論，人們根本不會去認真睬此類推理或論證，不會把它們當一回事。

「預期理由」是指用本身的真實性尚待證明的命題充當論據，與虛假的理由一樣，它也起不到證明的作用。例如，在崑曲《十五貫》

中，糊塗知縣就用想當然的方式判案，是典型的預期理由：「看她艷若桃李，豈能無人勾引？年正青春，怎會冷若冰霜？她與奸夫情投意合，自然要生比翼雙飛之心。父親阻攔，因之殺其父而奪其財。此乃人之常情。這案情就是不問，也已明白八九了。」

「推不出來」主要指推理過程不合邏輯，因而論點的真實性沒有邏輯保證。它有許多表現形式。例如，「如果長期躺在床上看書，就會造成近視；我從不躺在床上看書，所以我不會患近視眼。」這是充分條件假言推理的否定前件式，但它是無效的，犯了「推不出來」的邏輯錯誤。循環論證也是一種典型的「推不出來」的邏輯錯誤，它通過論據去證明論題的真實性，然後又通過論題去證明論據的真實性。例如，魯迅在〈論辯的魂靈〉一文中，就揭露了頑固派的這種詭辯手法：「你說謊，賣國賊是說謊的，所以你是賣國賊。我罵賣國賊，所以我是愛國者。愛國者的話是最有價值的，所以我的話是沒錯的，我的話既然沒錯，你就是賣國賊無疑了。」這裡，頑固派所進行的是一個典型的循環論證。

在各種能力性考試如 MBA、MPA 邏輯考試中，重點考察的就是思維的論證性，即對各種已有的推理或論證做出批判性評價：對某個論點是否給出了理由？所給出的理由真實嗎？與所要論證的論點相關嗎？如果相關，對論點的支持度有多高？是必然性支持（若理由真，則論點或結論必真），還是或然性支持（若理由真，結論很可能真，但也有可能假）？是強支持還是弱支持？給出什麼樣的理由能夠更好地支持該結論？給出什麼樣的理由能夠有力地駁倒該結論，或者至少是削弱它？具體考題類型有「直接推斷型」、「強化前提型」、「削弱結論型」和「說明解釋型」等等。

║ 例 9 ║

1984 年，喬治・布什與丹・奎爾搭檔競選美國總統。當時人們攻擊奎爾，說他的家族曾幫他擠進印地安納州的國民衛隊，以逃避去越南服

兵役。對此，布什反駁說：「丹・奎爾曾在國民衛隊服役，他的分隊當時尚有空缺；現在，他卻受到了愛國派們尖刻的攻擊。……誠然，他沒去越南，但他的分隊也沒有被派往那裡。有些事實誰也不能抹殺：他沒有逃往加拿大，他沒有燒掉應徵卡，也肯定沒有燒過美國國旗！」

以下那些議論的手法與布什的手法最為相似？

A.某公司用澱粉加紅糖製成所謂「營養增高劑」，被騙者甚眾。工商管理人員因它是假藥而要查封它。該公司董事長振振有辭，不讓查封，他說：「我沒有害死人。營養增高劑吃不死人，你不信，我現在就吃給你看，並且吃了它還頂事，管飽。」

B.一公司經理說：「過去有個說法，金錢關係最骯髒。其實從某種意義上講，金錢關係最純潔，人情關係最複雜，說不清有什麼骯髒的東西在裡邊。所以，我跟朋友都不借錢，也絕不與朋友做生意。」

C.某研究生對導師說：「學習成績全優的學生學習都很刻苦，你要是想讓我學習刻苦，最好的辦法是給我的所有課程都判優。」

D.你說「所有的天鵝都是白的」不對，因為在澳洲早就發現了黑天鵝。

E.張一弛解決了一個數學史上一百多年來未被解決的難題，所以，他是一位優秀的數學家。

—— 解 析 ——

題幹中的問題在於奎爾的家族是否曾經幫助他逃避服兵役，而不在於他是否愛國。布什所提出的那些事實性斷言與結論毫不相干，他靠訴諸我們的情感因素，誘使我們從基本問題游離開去。在各個選項中，B 中經理的說話方式與布什沒有任何類似；D、E 所提出的論據是支持其結論的充分理由。而選項 A 中那位董事長用一些不相干的事實來逃避工商管理人員的問題，與布什的手法最為類似。所以，正確的選項是 A。

第二章

信仰是否需要得到理性的辯護和支持？

——邏輯是關於推理和論證的科學

在歐洲中世紀基督教哲學中，圍繞信仰和理性的關係問題曾發生過論戰。一方是極端的信仰主義，其典型代表是德爾圖良（Tertulian,西元 145-220 年），他曾提出「惟其不可能，我才信仰」的主張。另一方是理性護教主義，例如安瑟爾謨（St. Anselmus, 西元 1033-1109年）和托馬斯‧阿奎那（Thomas Aquinas, 西元 1224-1274 年），儘管他們也主張要先信仰後理解，但認為信仰並不排斥理解，甚至需要得到理性的支持和辯護。正是基於這樣一種認識，他們用各種各樣的論證去為上帝存在辯護，先後提出過下述「證明」：

(1)本體論證明

這是安瑟爾謨提出來的。其要點是：上帝是無限完滿的；一個不包含「存在」性質的東西就談不上無限完滿，因此，上帝存在。

(2)宇宙論證明

這是阿奎那提出來的。具體有以下三個論證：(a)自然事物都處於運動之中，而事物的運動需要有推動者，這個推動者本身又需要有另外的推動者，……，為了不陷於無窮後退，需要有第一推動者，這就是上帝。(b)事物之間有一個因果關係的鏈條，每一個事物都以一個在先的事物為動力因，由此上溯，必然有一個終極的動力因，這就是上帝。(c)自然事物都處於生滅變化之中，其中有些事物是可能存在的，有些事物是必然存在的。一般來說，事物存在的必然性要從其他事物那裡獲得，由此上溯，需要有某一物，其本身是必然存在的、並且給其他事物賦予必然性，這就是上帝。

(3)目的論證明

也是由阿奎那提出來的。具體有以下兩個論證：(a)自然事物的完善性如真、善、美有不同的等級，在這個等級的最高處必定有一個至真、至善、至美的存在物，他使世上萬物得以存在並且賦予它們以不

同的完善性，這就是上帝。(b)世上萬物，包括冥頑不靈的自然物，都服從或服務於某個目的，其活動都是有計劃、有預謀的，這需要一個有智慧的存在物的預先設計和指導。這個最終的設計者和指導者就是上帝。

對這些論證的是非曲直，這裡不作評論。只是想指出一點，如果像上帝存在這樣的事情，也要通過推理、論證來支持或確立，那麼還有什麼東西不需要經過推理和論證呢？由此足見，強調推理和論證的理性主義在西方文化傳統中是多麼根深蒂固，影響深遠，邏輯學正是從這種深厚的理性主義土壤中生長出來的，它是專門研究推理和論證的一門科學，其任務是提供識別正確的（有效的）推理和論證與錯誤的（無效的）推理和論證的標準，並教會人們正確地進行推理和論證，識別、揭露和反駁錯誤的推理和論證。

 ## 2.1　什麼是推理和論證

推理是從一個或者一些已知的命題得出新命題的思維過程或思維形式，其中已知的命題是前提，得出的新命題是結論。例如，下面兩段話都表達推理：

---------------‖ 例 1 ‖---------------

如果所有的鳥都會飛並且鴕鳥是鳥，則鴕鳥會飛。所以，如果鴕鳥不會飛並且鴕鳥確實是鳥，則並非所有的鳥都會飛。

---------------‖ 例 2 ‖---------------

我們都是瞎子。吝嗇的人是瞎子，他只看見金子看不見財富。揮霍的人是瞎子，他只看見開端看不見結局。賣弄風情的女人是瞎子，她看不見自己臉上的皺紋。有學問的人是瞎子，他看不見自己的無知。誠實

的人是瞎子，他看不見壞蛋。壞蛋是瞎子，他看不見上帝。上帝也是瞎子，他在創造世界的時候，沒有看到魔鬼也跟著混進來了。我也是瞎子，我只知道說啊說啊，沒有看到你們全都是聾子。

一般來說，推理的前提陳述在前，結論陳述在後，但也不盡然，有些推理完全可能把結論陳述在前，例2是一個歸納推理，它的第一句話就是該推理的結論。又如：

‖ 例 3 ‖

你必須學會使用電腦並經常上網。因為如果你不想成為落伍的人，你就必須學會使用電腦並經常上網；而據我所知，你根本不想成為落伍的人。

例3中第一句話也是它所表達的推理的結論。

一般而言，可以根據一些語言標記去識別推理的前提和結論。例如，跟在「因為」、「由於」、「假設」、「如果」、「鑑於」、「由……可以推出」、「正如……所表明的」等詞語之後或占據省略號位置的句子是前提，而跟在「因此」、「所以」、「那麼」、「於是」、「由此可見」、「由此推出」、「這表明」、「這證明」等詞語之後的是結論。由於構成推理的各句子之間存在意義關聯，有時候人們可以省略這些語言標記，而專門靠句子之間的意義關聯去區分前提和結論。例如，「他是一位孤寡老人，我們應該好好照顧他」，這個句子所表達的並不是並列關係，而是由意義關聯所體現的推理關係，其中第一句話是前提，第二句話是結論。

推理通常分為演繹推理和歸納推理。演繹推理一般被說成是從一般到個別的推理，即根據某種一般性原理和個別性例證，得出關於該個別性例證的新結論。歸納推理則被說成是從個別到一般的推理，即從一定數量的個別性事實，抽象、概括出某種一般性原理。但更精確

的說法是：演繹推理是必然性推理，即前提真能夠確保結論真；歸納推理是或然性推理，前提只對結論提供一定的支持關係，前提真結論不一定真。上面說到的例1、例3是演繹推理，例2是歸納推理。以演繹推理為研究對象的邏輯理論，叫做「演繹邏輯」。以歸納推理為研究對象的邏輯理論，叫做「歸納邏輯」。

　　論證是用某些理由去支持或反駁某個觀點的過程或語言形式，通常由論題、論點、論據和論證方式構成。論點即論證者所主張並且在論證過程中要加以證明的觀點。論點本身可以成為論題，但論題還可以是論辯雙方所討論的對象，例如「是否應該用法律的形式禁止婚外情？」。論據是論證者用來支持或反駁某個論點的理由，它們可以是某種公認的一般性原理，也可以是某個事實性斷言。論證要使用推理，甚至可以說就是推理：一個簡單的論證就是一個推理，它的論據相當於推理的前提，論點相當於推理的結論，從論據導出論點的過程（即論證方式）相當於推理形式。一個複雜的論證則是由一連串相同或者不同的推理所構成的，只不過其中的推理過程和形式可能錯綜複雜。正是在這一意義上，常常把論證和推理同等看待。不過，推理和論證之間還是有一個區別：推理並不要求前提真，假命題之間完全可以進行合乎邏輯的推理，例如，「所有的金子都不是閃光的，所以，所有閃光的東西都不是金子。」但論證卻要求論據必須真實，以假命題作論據不能證明任何東西，故「巧克力不是可以吃的，石頭是巧克力，所以，石頭不是可以吃的」這個推理並不構成對「石頭不是可以吃的」這個命題的一個證明，但下面的推理卻構成對「中國不能再落後」的一個證明：「如果誰落後，誰就會挨打。中國不想再挨打，所以，中國不能再落後。」

2.2　命題分析和邏輯類型

推理是由命題組成的，推理的前提和結論單獨看來都是一個個命題。於是，對命題的不同分析就會導致對推理結構的不同分析，並最終導致不同的邏輯類型。

 ### 2.2.1　複合命題和命題邏輯

對命題的第一種分析方法是：把單個命題看做不再分析的整體，稱為「簡單命題」或「原子命題」，通過一些連接詞把它們組合成為更複雜的命題，在日常語言中，這類連接詞有：

(1)並且，然後，不但…而且…，雖然…但是…，既不…也不…

(2)或者…或者…，也許…也許…，要麼…要麼…；

(3)如果…那麼…，只要…就…，一旦…就…，只有…才…，不…就不…，…除非…；

(4)若且唯若，如果…那麼…並且只有…才…；

(5)並非，並不是。

因為它們連接的是命題，故我們稱它們為「命題聯結詞」。為簡單起見，我們用「並且」作為第一類聯結詞的代表，用「或者」作為第二類聯結詞的代表，用「如果，則」作為第三類聯結詞的代表，用「若且唯若」作為第四類聯結詞的代表，用「並非」作為第五類聯結詞的代表。通過這些聯結詞，我們可以由一個個個命題，如「櫻桃紅了」，「芭蕉綠了」，組合成為更複雜的命題。例如：

櫻桃紅了並且芭蕉綠了。

櫻桃紅了或者芭蕉綠了。

如果櫻桃紅了，那麼芭蕉綠了。

只有櫻桃紅了，才芭蕉綠了。

櫻桃紅了，若且唯若，芭蕉綠了。

並非櫻桃紅了。

　　第一類聯結詞叫做「聯言聯結詞」，由它們形成的命題叫做「聯言命題」；第二類聯結詞叫做「選言聯結詞」，由它們形成的命題叫「選言命題」；第三類和第四類聯結詞叫做「條件聯結詞」，由它們形成的命題做「條件命題」（「假言命題」），其中表示條件的命題叫做「前件」，表示結果的命題叫做「後件」；第五類聯結詞叫做「否定詞」，由它們形成的命題叫做「負命題」。這些命題統稱為「複合命題」，其中的原子命題或簡單命題稱為「支命題」。

　　上面所用作例子的兩個命題「櫻桃紅了」和「芭蕉綠了」，實際上可以換成任一命題。為了表示這種一般性，我們引入命題變項即小寫字母 p，q，r，s，t 等來表示任一命題，用符號「∧」、「∨」、「→」、「↔」、「¬」來依次表示「並且」、「或者」、「如果，則」、「若且唯若」、「並非」這五個聯結詞，於是得到下述公式：

$$p \wedge q$$

$$p \vee q$$

$$p \rightarrow q$$

$$p \leftrightarrow q$$

$$\neg p$$

　　它們分別是「聯言命題」、「選言命題」、「充分條件假言命題」、「充分必要條件假言命題」（「等值命題」）和「負命題」的一般形式。

　　任何一個推理都可以表示為一個「如果前提（成立），那麼結論

（成立）」的條件命題，只要用「並且」把它的前提（如果有多個前提的話）連接成為一個聯言命題，作為該條件命題的前件；把它的結論作為該條件命題的後件。有一類推理以複合命題作前提或結論，叫做「複合命題推理」，例如前面談到的例 1 就是如此，用相應的符號表示，例 1 的形式結構是：

　　如果 p 並且 q，則 r

　　所以，如果非 r 並且 p，那麼非 q

|| 例 4 ||

　　法制的健全或者執政者強有力的社會控制能力，是維持一個國家社會穩定的必不可少的條件，Y 國社會穩定但法制尚不健全。因此，Y 國的執政者具有強有力的社會控制能力。

　　以下哪項論證方式，與題幹的最為類似？

A.一個影視作品，要想有高的收視率或票房價值，作品本身的品質和必要的包裝宣傳缺一不可。電影《青樓月》上映以來票房價值不佳但實際上品質堪稱上乘。因此，看來它缺少必要的廣告宣傳和媒體炒作。

B.必須有超常業績或者 30 年以上服務於本公司的工齡的雇員，才有資格獲得 X 公司本年度的特殊津貼。黃先生獲得了本年度的特殊津貼但在本公司僅供職 5 年，因此他一定有超常業績。

C.如果既經營無方又鋪張浪費，則一個企業將嚴重虧損。Z 公司雖經營無方但並沒有嚴重虧損，這說明它至少沒有鋪張浪費。

D.一個罪犯要實施犯罪，必須既有作案動機，又有作案時間。在某案中，W 先生有作案動機但無作案時間。因此，W 先生不是該案的作案者。

E.一個論證不能成立，若且唯若，或者它的論據虛假，或者它的推理錯誤。J 女士在科學年會上關於她的發現之科學價值的論證儘

管邏輯嚴密，推理無誤，但還是被認定不能成立。因此，她的論證中至少有部分論據虛假。

解　析

經過整理，題幹中的推理具有這樣的結構：

只有 p 或者 q，才 r

r 並且非 p

所以，q

而選項 A 的結構是：只有 p 且 q，才 r；非 r 並且 p，所以，非 q。C 的結構是：如果 p 且 q，則 r；p 且非 r，所以，非 q。D 的結構是：只有 p 且 q，才 r；p 並且非 q，所以，非 r。E 的結構是：非 p，若且唯若，q 或者 r；非 r 並且非 p，所以 q。若仔細比較，就會發現選項 B 與題幹中的推理具有相同的結構，其他四個都不具有，所以答案是 B。

　　以複合命題為對象，研究它們各自的邏輯性質及其相互之間的邏輯關係，所得到的邏輯理論叫做「命題邏輯」。由於聯結詞決定著相應的複合命題的邏輯性質，因此以複合命題為對象的命題邏輯，實際上是「聯結詞的邏輯」。

 ## 2.2.2　直言命題和詞項邏輯

　　對命題的另一種分析方法是：對一個簡單命題作主謂式分析，即把它拆分為不同的構成要素：主項、謂項、聯項和量項。如果主項是普遍詞項，則用大寫字母S表示；如果主項是單稱詞項，則用小寫字母a來表示。單稱詞項包括專名和摹狀詞，它們都指稱一個特定的對象。所謂專名，即專有名詞，如「孔子」、「黃河」、「《紅樓夢》」、「西安事變」等；摹狀詞是通過摹寫對象的唯一性特徵來指

稱某個對象的短語，如「世界最高峰」，「那位於 1976 年 9 月 9 日
去世的著名中國領袖」。謂項始終用大寫字母 P 表示。主項和謂項合
稱「詞項」，S、P 稱為「詞項變項」。聯項包括「是」和「不是」，
量項包括「所有」、「有些」，並且「有些」在這裡是弱意義上的
「有些」，表示「至少有些，至多全部」；而不代表強意義上的「有
些」，即表示「僅僅有些」。由此得到如下形式的命題：

045

所有 S 都是 P；

所有 S 都不是 P；

有些 S 是 P；

有些 S 不是 P；

a（或某個 S）是 P；

a（或某個 S）不是 P。

　　這些形式的命題叫做「直言命題」，由於它們斷定了某種對象
（S）具有或者不具有某種性質（P），因此又叫做「性質命題」。例
如，「所有的花朵都是美麗可愛的」就是一個直言命題，其中「花
朵」是主項，「美麗可愛的」是謂項，「是」是聯項，「所有……
都」是量項。以直言命題作前提和結論的推理叫做「直言命題推
理」，後者的形式結構取決於其中的直言命題的形式結構。

　　上一節談到的例 3 是歸納推理，它的形式結構可以表示為：

S_1 是 P

S_2 是 P

S_3 是 P

⋮

S_n 是 P

所以，所有 S 都是 P。

‖ 例 5 ‖

黃銅不是金子，黃銅是閃光的，所以，有些閃光的東西不是金子。

以下哪個推理具有與上述推理最為類似的結構？

A.凡是你沒有失去的東西你仍然具有，你沒有失去角，所以，你有角。

B.壞人都攻擊我，你攻擊我，所以，你是壞人

C.四川人愛吃麻辣燙，四川人不是好惹的，因此，有些愛吃麻辣燙
　的人不是好惹的。

D.金屬都是導電的，植物纖維不導電，所以，植物纖維不是金屬。

E.有些自然物品具有審美價值，所有的藝術品都有審美價值。因此，
　有些自然物品也是藝術品。

解　析

題幹中推理的結構是：

（所有）M 不是 P

（所有）M 都是 S

所以，有些 S 不是 P

先說一下，在三段推論中，單稱命題作為全稱命題的特例處理。選項 A 經整理後，其結構是：所有 M 都是 P，（所有）S 是 M，所以，（所有）S 是 P。B 的結構是：所有 P 都是 M，（所有）S 是 M，所以，（所有）S 是 P。D 的結構是：所有 P 都是 M，（所有）S 都不是 M，所以，（所有）S 都不是 P。調整兩個前提的先後順序後，E 的結構是：所有 P 都是 M，有些 S 是 M，所以，有些 S 是 P。顯然，這四個選項的結構與題幹的結構都不相同。若仔細比較一下，當調整選項 C 中大小前提的順序後，C 的結構與題幹的結構完全相同。所以，正確答案是 C。

直言命題由不同的詞項（主項和謂項）組成。因此，研究這種直言命題的邏輯性質及其推理關係，所得到的邏輯理論叫做「詞項邏

輯」。

 ### 2.2.3　個體詞、謂詞和量化邏輯

對命題的第三種分析方法是：把一個簡單命題分析為個體詞、謂詞、量詞和聯結詞等構成成分。

個體詞包括個體常項和個體變項，它們究竟指稱什麼樣的對象取決於論域，即由具有某種性質的對象所組成的類。個體常項僅限於專名，在邏輯中用小寫字母 a，b，c 等表示，經過解釋之後，它們分別指稱論域中的某個特定的對象，隨論域的不同，這些對象可以是 0、1、長江、長城、毛澤東等。個體變項 x，y，z 等表示論域中不確定的個體，隨論域的不同它們的值也有所不同。例如，如果論域是全域，個體變項 x 就表示全域中的某個東西；如果論域是「人的集合」，則個體變項 x 就表示某個人；如果論域是「自然數的集合」，則個體變項 x 就表示某個自然數。

謂詞符號包括大寫字母 F，G，R，S 等。經過解釋之後，它們表示論域中個體的性質和個體之間的關係。一個謂詞符號後面跟有寫在一對括號內的適當數目的個體詞，就形成最基本的公式，叫做「原子公式」，例如 F(x)，G(a)，R(x, y)，S(x, a, y)。一個謂詞符號後面跟有一個個體常項或個體變項，則它是一個一元謂詞符號。一元謂詞符號經過解釋之後，表示論域中個體的性質。如果一個謂詞符號後面跟有兩個個體詞，則它是一個二元謂詞符號。依此類推，後面跟有 n 個個體詞的謂詞符號，就是 n 元謂詞符號。二元以上的謂詞符號，經過解釋之後，表示論域中個體之間的關係。例如，若以自然數為論域，令 a 為自然數 1，R 表示「大於」，S 表示「…＋…＝…」，於是，R(x, y) 等於是說「x 大於 y」，S(x, a, y) 等於說「x＋1＝y」。

量詞包括全稱量詞 ∀ 和存在量詞 ∃，它們可以加在如上所述的原子公式前面。「∀xF(x)」讀作「對於所有的 x，x 是 F」，「∃xR(x,

047

y)」讀做「存在 x 使得 x 與 y 有 R 關係」。前面帶量詞的公式叫做「量化公式」，例如∀xF(x)，∃xR(x, y)。原子公式和量化公式都可以用命題聯結詞連接起來，形成更複雜的公式，例如∀xF(x)∧G(a)，∃x(F(x)∨R(x, y))，S(x, a, y)→∀x(¬F(x)↔S(x, a, y))。

對命題進行上述這樣的分析後，不僅可以表示和處理性質命題（直言命題）及其推理，而且可以表示和處理關係命題及其推理。例如，直言命題「所有 S 都是 P」可以表示為：

$$\forall x(S(x) \rightarrow P(x))$$

而「有的投票人贊成所有的候選人」則可以表示為：

$$\exists x(F(x) \wedge \forall y(G(y) \rightarrow R(x, y)))$$

把一個簡單命題分析為個體詞、謂詞、量詞和聯結詞等成分，研究經如此分析後的命題形式及其相互之間的推理關係，所得到的邏輯理論叫做「謂詞邏輯」，或者「量化邏輯」。

命題邏輯、詞項邏輯和謂詞邏輯是演繹邏輯的三種最基本的邏輯類型。如果以這三種邏輯中的某一種為基礎，對它們進行擴充，即加進一些特殊的東西，由此形成的一類邏輯叫做「擴充邏輯」。如果不同意這三種邏輯中的某一種，改變它們的某些基本預設或假定，由此形成的邏輯理論叫做「變異邏輯」。

如前所述，除了以演繹推理為對象的演繹邏輯外，還有以歸納推理為對象的歸納邏輯。把歸納推理中前提對結論的關係概率化和演算化，由此形成的邏輯理論叫做「概率歸納邏輯」，這是現代歸納邏輯的主要形態。

2.2.4　推理的形式結構

「推理的形式結構」簡稱「推理形式」，是指在一個推理中抽掉各個命題的具體內容之後所保留下來的那個模式或框架，或者說，是多個推理中表達不同思維內容的各個命題之間所共同具有的聯繫方式，由邏輯常項（如命題聯結詞「或者」、「並且」、「如果，則」、「若且唯若」和「並非」，直言命題中的繫詞「是」和「不是」，量詞「所有」和「有些」等）和邏輯變項（如命題變項p，q，r，s，t，詞項變項S、P、M，個體變項x，y，z等）構成，其中邏輯常項代表推理中的結構要素，常項的不同決定了推理形式的不同；變項代表推理中的內容要素，用不同的具體命題替換相同的命題變項，用不同的具體詞項替換相同的詞項變項，用不同的具體謂詞替換相同的謂詞變項，就會得到不同的具體推理。例如，對推理形式

> 如果 p 那麼 q
>
> p
> ───────
> 所以，q

中的命題變項 p、q 作不同的代入，可得到下面兩個不同的推理：

‖ 例 6 ‖

如果宋強感冒，則宋強會發燒；

宋強確實感冒了，
───────────
所以，宋強會發燒。

‖ 例 7 ‖

如果天雨則地濕；

天確實在下雨，

所以，地會濕。

在國內 MBA 邏輯考試中，有一類「相似比較型」考題，它要求比較幾個不同推理在結構上的相同或者不同，這要通過抽象出（至少是識別出）它們共同的形式結構來實現，即用命題變項表示其中的單個命題，或用詞項變項表示直言命題中的具體詞項，每一個推理中相同的命題或詞項用相同的變項表示，不同的命題或詞項用不同的變項表示。例如：

‖ 例 8 ‖

如果學校的財務部門沒有人上班，我們的支票就不能入帳；我們的支票不能入帳，因此，學校的財務部門沒有人上班。

請在下列各項中選出與上句的推理結構最為相似的一句：

A.如果太陽神隊主場是在雨中與對手激戰，就一定會贏。現在太陽神隊主場輸了，看來一定不是在雨中進行的比賽。

B.如果太陽曬得厲害，李明就不會去游泳。今天太陽曬得果然厲害，因此可以斷定，李明一定沒有去游泳。

C.所有的學生都可以參加這一次的決賽，除非沒有通過資格賽的測試。這個學生不能參加決賽，因此他一定沒有通過資格賽的測試。

D.倘若是媽媽做的菜，菜裡面就一定會放紅辣椒。菜裡面果然有紅辣椒，看來，是媽媽做的菜。

E.如果沒有特別的原因，公司一般不批准職員們的事假申請。公司批准了職員陳小鵬的事假申請，看來其中一定有一些特別的原因。

── 解析 ──────────

題幹的推理結構是：

如果 p，那麼 q

q
─────────

所以，p。

　　而 A 項的結構是：如果 p，那麼 q；非 q，因此非 p。B 項的結構是：如果 p，那麼 q；p，因此 q。C 項的結構是：p；除非 q，非 p，因此非 q。D 項的結構是：如果 p，那麼 q；q，因此 p。E 項的結構是：如果 p，那麼 q；非 q，因此非 p。顯然，D 項和題幹具有相同的結構。所以，正確的答案是 D。

2.3　由前提「安全地」過渡到結論

　　推理形式的有效性，亦稱「保真性」，指一個推理必須確保從真的前提推出真的結論。儘管從假的前提出發也能進行合乎邏輯的推理，其結論可能是真的，也可能是假的，但從真前提出發進行有效推理，卻只能得到真結論，不能得到假結論。只有這樣，才能保證使用這種推理工具的安全性。對於正確推理來說，這種保真性是最起碼的要求。我們把具有保真性的推理，叫做「有效推理」。可以這樣來考察一個直言命題推理比如說 M 的有效性。先用相應的變項來置換 M 中除邏輯常項之外的其他一切詞項，由此得到一個推理形式 M'。然後對 M' 中的變項作不同的解釋，看能否得到 M' 的一個特例有真前提和假結論。如果 M' 的一個特例 N 有真前提和假結論，這就說明 M' 不能保證從真前提只得到真結論，因此 M' 不是一個有效的推理形式，相應地 M 也不是一個有效的推理。

‖ 例 9 ‖

所有巧克力都是可以吃的，

所有石頭都不是巧克力，

所以，所有石頭都不是可以吃的。

從中我們可以抽象出一個推理形式：

‖ 例 9' ‖

所有 M 都是 P，

所有 S 都不是 M，

所以，所有 S 都不是 P。

我們仍用「巧克力」代入 M，用「可以吃的」代入 P，但改用「烤鴨」代入 S，由此得到：

‖ 例 10 ‖

所有巧克力都是可以吃的，

所有烤鴨都不是巧克力，

所以，所有烤鴨都不是可以吃的。

顯然，這個推理有真前提假結論，因此例 9'不是一個有效的推理形式，例 9 本身也不是一個有效推理，儘管它有真前提和真結論。

有許多推理或論證儘管不是有效的，即前提的真不能確保結論的真，但前提卻對結論提供一定程度的支持，或者前提對結論構成一定程度的反駁。在前一情形下，前提真與結論真構成正相關，前提是結論的證據；在後一情形下，前提真與結論真構成負相關，前提是結論的反例。可以用概率論做工具，使這種支持或反駁關係得到精確的量的刻畫。證據支持度為 100%是指：如果前提真，則結論必然真；這

樣的推理是一個形式有效的演繹推理。證據支持度為50%是指：如果前提真，則結論為真為假的可能性參半；依此類推。一個推理的證據支持度越高，則在前提真實的條件下，推出的結論可靠性越大。一個證據支持度小於100%、但大於50%的推理或論證仍然是合理的，並用被廣泛而經常地使用。

在國內 MBA 邏輯考試中，圍繞前提和結論之間的支持或反駁關係，設計了多種形式的考題，主要有加強前提型和削弱結論型，具體問題則有：「以下哪項如果為真，最能支持題幹中的觀點？」，「以下哪項如果為真，最能削弱題幹中的結論？」等等。

-------------- ‖ 例 11 ‖ --------------

在司法審判中，所謂肯定性誤判是指把無罪者判為有罪，否定性誤判是指把有罪者判為無罪。肯定性誤判就是所謂的錯判，否定性誤判就是所謂的錯放，而司法公正的根本原則是「不放過一個壞人，不冤枉一個好人」。

某法學家認為，目前，衡量一個法院在辦案中對司法公正的原則貫徹得是否足夠好，就看它的肯定性誤判率是否足夠低。

以下哪項，如果為真，能最有力地支持上述法學家的觀點？

A.錯放，只是放過了壞人；錯判，則是既放過了壞人，又冤枉了好人。

B.寧可錯判，不可錯放，是「左」的思想在司法界的反映。

C.錯放造成的損失，大多是可彌補的；錯判對被害人造成的傷害，是不可彌補的。

D.各個法院的辦案正確率普遍有明顯的提高。

E.各個法院的否定性誤判率基本相同。

┌─ **解 析** ─────────────────────

　　根據題幹，公正司法既不允許錯判（肯定性誤判），也不允許錯放（否定性誤判）。因此，要考察某個法院的司法究竟是否公正，就要同時考察該法院的錯判率和錯放率，二者缺一不可。如果選項E為真，即目前各個法院的錯放率基本相同，那麼，目前衡量一個法院在辦案中對司法公正的原則貫徹得是否足夠好，就只能看它的肯定性誤判率是否足夠低，於是法學家的看似片面的觀點就得到了有力支持。其他各項都不足以使題幹中法學家的觀點成立。其中選項D與法學家的觀點不相干；選項B與它有所關聯，但也不構成直接的支持關係；選項A和C對法學家的觀點有所支持，但它們斷定的只是：就錯判和錯放二者對司法公正的危害而言，前者比後者更嚴重，但由此顯然得不出法學家的結論。因此，正確答案是E。

└────────────────────────────

　　一個推理或論證要得出真實的結論，必須滿足兩個條件：一是前提真實；二是推理形式有效。於是，要反駁或削弱某個結論，通常有這樣幾條途徑：一是直接反駁結論，其途徑有：舉出與該結論相反的一些事實（舉反例），或從真實的原理出發構造一個推理或論證，以推出該結論的否定；二是反駁論據，即反駁推出該結論的理由和根據，指出它們的虛假性；三是指出該推理或論證不合邏輯，即從前提到結論的過渡是不合法的，違反邏輯規則。在這三種反駁方式中，直接反駁結論是最強的，而駁倒了對方的論據和論證方式，並不等於駁倒了對方的結論，因為對方完全可以更換論據或論證方式去重新論證該結論。無論如何，如果這後兩種情形成立，對方結論的真至少是沒有保證的，從而被削弱。

例 12

　　在美國，實行死刑的州，其犯罪率要比不實行死刑的州低。因此，死刑能夠減少犯罪。

以下哪項如果為真，最可能質疑上述推斷？

A. 犯罪的少年，較之守法的少年更多出自無父親的家庭。因此，失去了父親能夠引發少年犯罪。

B. 美國的法律規定了在犯罪地起訴並按其法律裁決，許多罪犯因此經常流竄犯罪。

C. 在最近幾年，美國民間呼籲廢除死刑的力量在不斷減弱，一些政治人物也已經不再像過去那樣在競選中承諾廢除死刑了。

D. 經過長期的跟蹤研究發現，監禁在某種程度上成為醞釀進一步犯罪的溫室。

E. 調查結果表明：犯罪分子在犯罪時多數都曾經想過自己的行為可能會受到死刑或常年監禁的懲罰。

解　析

選項 A、C、D、E 或者與題幹結論無關，或者不構成對該結論的質疑。但是，如 B 項真，則可以認為，許多罪犯為躲避死刑的風險，寧願採取流竄作案的方式，選擇不實行死刑的州作案。這樣，雖然實行死刑的州犯罪率因此下降，但全美國的犯罪率並沒有下降。所以不能由此得出死刑能夠減少犯罪的結論。正確答案是 B。

‖ 例 13 ‖

以下諸項結論都是根據 1998 年度西單飛舟商廈各個職能部收到的雇員報銷單據綜合得出的。在此項綜合統計做出後，有的職能部門又收到了雇員補交上來的報銷單據。

以下哪項結論不可能被補交報銷單據這一新的事實所推翻？

A. 超級市場部僅有 14 個雇員交了報銷單據，報銷了至少 8700 元。

B. 公關部最多只有 3 個雇員交了報銷單據，總額不多於 2600 元。

C. 行政部至少有 8 個雇員交了報銷單據，報銷總額為 5234 元。

D. 會計部至少有 4 個雇員交了報銷單據，報銷了至少 2500 元。

E.總經理事務部至少有7個雇員交了報銷單據，報銷額不比行政部多。

解　析

正確的答案是 D，因為它只設定了下限（至少有 4 個雇員，報銷了至少 2500 元），而沒有設定任何上限，於是它不可能被任何新的報銷活動所否定。其他各個選項都至少設定了一個上限，因而可以被新的報銷行為所推翻或否定。

2.4　日常思維中的推理和論證

2.4.1　被省略的前提和假定

在人們的日常思維和交往中，推理、論證是用來交流思想的，而交流總是在具體個人、具體的語言環境中進行的，交際雙方的大腦並不是一塊白板，而是承載了大量資訊，其中許多資訊是交際雙方所共有的，或至少是其中一方以為另一方知道的，故在交際過程中沒有明確說出，推理表現為省略形式：本來是「A 和 C 一起推出 B」，由於 C 屬於（或以為屬於）共同的背景知識，故被省略。但這種省略也有可能造成這樣的問題：一是被省略或被假定的東西本身可能不是真的；二是這種省略推理中可能暗含著推理方面的邏輯錯誤。因此，常常有必要把這些被省略的前提、假定、預設補充到推理過程中來，以便考察它們的真實性以及推理過程的有效性。在做這種補充時，往往存在多種不同的選擇，這時應該堅持「寬容原則」，即盡可能地把推理者設想為一個正常的、有理性的人，除非故意，他一般不會使用虛假的前提，一般不會進行無效的推理。在做了這些工作之後，再來看

被省略的前提是否真實，推理過程是否正確，即對推理者的推理進行評價。

------‖ 例 14 ‖------

考古學家發現的證據表明，甚至在舊石器時代，人類便存在著靈魂不死的信念，在靠近古代部落附近的墓地遺址發現像衣服、工具和武器這樣的隨葬品，就是有關靈魂不死信念的最早證據。

以下哪一項是上述論證所依賴的假設？

A.部落附近墓地的佈局表明了對死者尊敬與懷念的感情；

B.靈魂不死的信念是大部分宗教信仰的核心；

C.只有人們相信靈魂不死，才會隨葬衣服、工具、武器這類物品，以便供死者死後的靈魂享用。

D.如果在墓地附近沒有發現隨葬品，就證明那時人們還沒有靈魂不死的信念；

E.在墓地遺址所發現的衣服、工具和武器，其年代距今並不特別遙遠。

── 解　析 ──

如果補充 C 作為大前提，以考古發現作為小前提，就可以通過必要條件假言推理的肯定後件式

只有 p 才 q

q

所以，p

必然得出題幹中的結論：「甚至在舊石器時代，人類便存在著靈魂不死的信念」。而增加其他選項都得不出這樣的結論。正確答案是 C。

------‖ 例 15 ‖------

交通部科研所最近研製了一種自動照相機，它對速度有敏銳的反應，只要（並且只有）違規超速汽車經過鏡頭時，它就自動按下快門。

在某條單向行駛的公路上，在一個小時內，這樣的一架照相機攝下了 50 輛超速汽車的照片。在這條公路前方，距這架照相機約 1 公里處，一批交通警察於隱蔽處正在進行目測超速汽車的能力測試。在這同一個小時內，某個警察測定，共有 25 輛汽車超速通過。由於經過那架自動照相機的汽車一定經過目測處，可以推定，該警察對超速汽車的目測準確率不高於 50%。

要使題幹的推斷成立，以下哪項是必須假設的？

A.在該警察測定為超速的汽車中，包括在照相機處不超速而到目測處超速的汽車。

B.在上述一個小時中，在照相機前超速的汽車，都一定超速通過目測處。

C.在上述一個小時中，在照相機前不超速的汽車，到目測處不會超速。

D.在該警察測定為超速的汽車中，包括在照相機處超速而到目測處不超速的汽車。

E.在上述一個小時中，通過目測處的非超速汽車一定超過 25 輛。

— 解　析 —

　　B 項是題幹的推斷所必須假設的。只有當在照相機拍攝處和警察目測處通過的超速汽車至少一樣多（選項 B），並且照相機所拍攝下來的數目是準確的（題幹中所隱含）情況下，才能由「該警察所目測到的超速汽車的數目大大低於照相機所拍攝到的數目」，得出「該警察對超速汽車的目測準確率不高於 50% 的結論」。否則，如果在照相機前超速的汽車，到目測處並不超速，則通過目測處的超速汽車就可能少於 50 輛，則上述警察的目測準確率可能可高於 50%。所以答案是 B。

2.4.2　語義預設和語用預設

　　預設分為語義預設和語用預設。不太嚴格地說，語義預設是一個

命題及其否定都要假定的東西，是一個命題能夠為真或為假的前提條件。它包括：

(i)存在預設，例如：

(1.1)中國的第一位諾貝爾獎獲得者是女性。

(1.2)中國的第一位諾貝爾獎獲得者不是女性。

都預設了「存在著中國的第一位諾貝爾獎獲得者」，如果不預先假定這一點，這兩個語句都是無意義的。

(ii)事實預設，例如：

(2.1)包公鐵面無私使貪官污吏心驚膽顫。

(2.2)包公鐵面無私並沒有使貪官污吏心驚膽顫。

都預設了一個事實：「包公鐵面無私」。

如果話語 A 只有當命題 B 為交談雙方所共知時才是恰當的，則 A 在語用上預設 B。語用預設有這樣一些特徵：

(i)共知性，即預設必須是交際雙方或一般人所共知的訊息，或者是說話人暗示出來、能夠被聽話人所理解的訊息。考慮兩個同學之間在圖書館的對話：「甲：借到了嗎？」「乙：沒借到。」顯然，這裡預設了某本書的存在。此時若有第三個人在場，而他又不知道該預設的話，可能會問：「丙：什麼沒借到？」

(ii)可取消性，指特定的預設在一定條件下能夠被取消。例如，說「小張的妻子很漂亮」，明顯預設「小張有妻子」。但如果說「小張的妻子很漂亮，只可惜前幾天她跟他離婚了」，原先的預設就被取消了。

語用預設決定某句話語是否恰當，例如，「請關門！」這道是命令，只有當那扇門開著，聽話人能夠辨認出那扇門，並有條件把它關上時，才是恰當的。

如果我們用 S 代表一個特定的語句，非 S 表示它的否定形式，T 表示它的預設，則可以這樣定義預設：

S 預設 T，若且唯若，若 S 真則 T 真，並且，若非 S 真 T 也真。

但是，如果 T 假，則 S 和非 S 都無意義。例如：

(3.1)所有的鬼都是青面獠牙的。

(3.2)有些鬼不是青面獠牙的。

這兩個互相否定的句子都預設了「有鬼」。如果無鬼，則關於鬼的任何談論都沒有真假方面的意義。普通的邏輯理論只考慮真、假兩個值，通常稱為「二值邏輯」，而預設邏輯則要考慮真、假和無意義三個值，因此它是三值邏輯。

預設除在命題、話語中出現外，也出現在問句中。例如，

你已經停止打你的老婆了嗎？

就預設了一個事實：聽話人經常打自己的老婆。一個有虛假預設的問句叫做「複雜問語」，無論對它作肯定的還是否定的回答，都接受了那個預設。因此，回答此類問語的最好方法是指出其中那個預設為假。例如，回答上述問題的一般正確方法是：我根本沒有打過老婆，何談停止不停止。

回答問題的另一個辦法是迴避，即重複該問句的預設。

-------------‖ 例 16 ‖-------------

三國時，大將軍鍾會去看望當時的名士嵇康。嵇康正在脫光衣服打鐵，不理會鍾會。當鍾會看了一會兒正要離開時，嵇康問道：「何所聞而來？何所見而去？」鍾會答道：「聞所聞而來，見所見而去。」

------ 解析 ------

鍾會的回答只是重複了嵇康問話中的預設，沒有新的內容。但它是一個很有意思的回答，所以流傳下來了。在外交場合和禮儀場合，對於不便回答或不好回答的問題，就可以採取迴避的手法，它比單純的拒絕顯得更有禮貌和更有修養。

-------------‖ 例 17 ‖-------------

「趙科長又戒煙了。」從這句話不可能得出的結論是：

A.趙科長一直抽煙，且煙癮很大。

B.趙科長過去戒過煙，次數可能不只一次。

C.趙科長過去戒煙都沒有成功。

D.趙科長這次戒煙很可能又不成功。

E.趙科長這次戒煙一定能成功。

┌─── 解　析 ───

題幹「趙科長又戒煙了」，在語義上或語用上預設了：(1)趙科長抽煙；(2)趙科長過去戒過煙；(3)趙科長以往的戒煙沒有成功。選項A、B、C、D或直接就是題幹的預設，或是根據預設所作的推論，只有E與題幹及其預設沒有推出關係，因此正確答案是E。

第三章

上帝能夠創造一塊他自己舉不起來的石頭嗎？

——命題邏輯

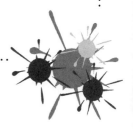

　　斯多亞派是由古希臘哲學家西蒂姆的芝諾（Zeno of Citium，約西元 336 － 264 年）創立的。他在一個畫廊（古希臘語發音為 stoa）裡講學，因此他的學派被稱為「畫廊學派」（stoa 學派）。該學派的第二個重要人物是克里西普（Chrisipus, 約西元前 280 － 207 年），常常被稱為古代最偉大的邏輯學家。他曾對其老師說，「給我定理，我會自己找到它的證明。」據說他寫了 750 種著作，幾乎涉及命題邏輯的所有方面，斯多亞派的邏輯理論主要是由他完成的。當時有一種說法，「如果天上有任何邏輯，那便是克里西普的邏輯。」後期斯多亞派幾乎成為羅馬帝國的「官方哲學」。總起來看，斯多亞學派從西元前 4 世紀一直延續到西元 6 世紀，活動時間長達千年，本身經歷了早期、中期、晚期的變化，早期偏重於認識論和邏輯學，晚期偏重於社會倫理問題。在歷史上，該學派幾乎與柏拉圖的雅典學園和亞里斯多德的逍遙學派齊名。

　　斯多亞派的邏輯學包括論辯術和修辭學，前者是關於意義的科學，教授人們怎樣用問答式正確地論述觀點和探討問題，具體包括語言理論和認識理論；後者是關於語言表達的科學，教授人們怎樣連續地正確講話。該學派在邏輯史上的貢獻是：他們把 lekton（意義）當做邏輯學研究的主題，提出了與亞里斯多德完全不同的命題分類體系，即把命題首先分為原子命題和複合命題，並著重討論了複合命題，對多數命題聯結詞給予了真值函項的解釋，並發現了聯結詞之間的可互定義性。例如：關於聯結詞「如果，那麼」的意義，他們就給出了四種不同的解釋，分別相當於現代數理邏輯中的「實質蘊涵」、「形式蘊涵」、「嚴格蘊涵」和「麥柯爾蘊涵」。他們明確陳述了五個非證明推論為公理，給出了四個元邏輯規則，並在此基礎上證明了「難以計數的」定理，從而構造了一個初步自足的公理化的命題邏輯推論系統。所以，有的論者說：「命題邏輯的第一個系統的建立約在亞里斯多德之後的半個世紀：它是斯多亞派的邏輯。」[1]

---

[1]　盧卡西維茨：《亞里斯多德三段論》，商務印書館，1981 年，第 61 頁。

不過，斯多亞派的早期和中期文獻大部分散佚，保存下來的只是一些斷簡殘片，因此，他們的邏輯學說在實際的歷史進程中並未產生多大的影響。在布爾（G.Boole, 西元 1815-1864 年）、弗雷格（G.Fre-ge, 西元 1848-1925 年）、羅素（B.Russell, 西元 1872-1970 年）等人創立數理邏輯意義上的命題邏輯之後，研究者們重新檢閱史料，才發現了他們工作的價值和意義。

3.1 紅了櫻桃，綠了芭蕉：聯言命題

「紅了櫻桃，綠了芭蕉」是一個聯言命題，即斷定幾種事物情況同時存在的複合命題。聯言命題的標準形式是「p 並且 q」，其中 p、q 稱為聯言支。在日常語言中，聯言聯結詞有多種表述形式，例如，「和」，「然後」，「然而」，「不但，而且」，「雖然，但是」等，有時還被省略，例如「富貴不能淫，貧賤不能移，威武不能屈。」

一個聯言命題是真的，若且唯若它的各個聯言支都是真的。換句話說，只要有一個聯言支是假的，聯言命題就是假的。例如，聯言命題「小張既高又胖」，只有在「小張高」和「小張胖」都真的情況才是真的，在其餘情況下則是假的。

根據聯言命題的這樣一種性質，聯言推理的有效式包括：

⑴合成式

若分別肯定兩個聯言支，則可以肯定由這兩個聯言支組成的聯言命題。其形式是：

$$p$$
$$\underline{\quad\quad q \quad\quad}$$
$$\text{所以，p 並且 q}$$

例如，從「李白是生活在唐朝的偉大詩人」和「杜甫也是生活在唐朝的偉大詩人」，可以推出「李白和杜甫都是生活在唐朝的偉大詩人」。

(2)分解式

若肯定一個聯言命題，則可以分別肯定其中的每一個聯言支。其形式是：

$$\frac{p \text{ 並且 } q}{\text{所以，} p}$$

或者

$$\frac{p \text{ 並且 } q}{\text{所以，} q}$$

例如：「胡適是五・四新文化運動主將，並且曾任北大校長；所以，胡適曾任北大校長。」

(3)否定式

若否定一個聯言支，則可以否定包含這個聯言支的聯言命題。其形式是：

$$\frac{\text{並非 } p}{\text{所以，並非（} p \text{ 且 } q \text{）}}$$

例如：從「並非杜甫是一位著名的小說家」，可以推出「並非杜甫既是偉大的詩人又是著名的小說家。」

3.2 或為玉碎，或為瓦全：選言命題

「或為玉碎，或為瓦全」是一個選言命題，即斷定幾種事物情況至少有一種存在的複合命題，分為相容選言命題和不相容選言命題兩類。一個選言命題究竟是相容的還是不相容的，沒有專用的形式識別標記，只能看其中的各個選言支是否能夠同時成立：能夠同時成立的，是相容選言命題；不能同時成立的，是不相容選言命題。

相容選言命題的標準形式是「p 或者 q」，其中 p、q 稱為選言支。相容選言命題只有在選言支都假的情況下才假，在其餘情況下則是真的。例如，選言命題「匿名捐款人或者是紅霞或者是陽光」是相容的，它只有在「匿名捐款人是紅霞」和「匿名捐款人是陽光」都假的情況下才是假的，在其餘情況下則是真的。

根據相容選言命題的上述性質，相容選言推理的有效式包括：

⑴否定肯定式

若肯定一個相容選言命題並且否定其中的一個選言支，則必須肯定其中的另一個選言支。其形式是：

$$p \text{ 或者 } q$$
$$\underline{\text{非 } p}$$
$$\text{所以，} q$$

或者

$$p \text{ 或者 } q$$
$$\underline{\text{非 } q}$$
$$\text{所以，} p$$

例如：「紅霞或者是江蘇人或者是浙江人，紅霞不是浙江人，所以，紅霞是江蘇人。」

(2)肯定肯定式

由肯定一個選言支，則必須肯定包含這個選言支的任一選言命題。其形式是：

$$\frac{p}{\text{所以，p 或者 q}}$$

例如，從「柯林頓是美國總統」出發，既可以推出「柯林頓是美國總統或者捲心菜是蔬菜」，也可以推出「柯林頓是美國總統或者捲心菜不是蔬菜」。

但是，由於相容選言命題的各個選言支可以同時成立，所以相容選言推理的肯定否定式是錯誤的：

$$\frac{\begin{array}{l}p\text{ 或者 }q\\ p\end{array}}{\text{所以，非 q}}$$

或者

$$\frac{\begin{array}{l}p\text{ 或者 }q\\ q\end{array}}{\text{所以，非 p}}$$

例如，「凌麗或者是作家或者是教授，凌麗是作家，所以，凌麗不是教授。」這個推理是不成立的，因為凌麗完全可以兼有「作家」

和「教授」這兩個身份，此推理的第一個前提是相容選言命題，不能由肯定它的一個選言支就去否定它的另一個選言支。

不相容選言命題的標準形式是「要麼 p，要麼 q，二者必居其一」，它僅僅在選言支 p 和 q 中有一個且只有一個為真時才為真，在其餘情況下都是假的。例如「要麼中國隊戰勝日本隊後進入足球世界盃決賽，要麼日本隊戰勝中國隊後進入足球世界盃決賽，二者必居其一」，在「中國隊戰勝日本隊後進入足球世界盃決賽」和「日本隊戰勝中國隊後進入足球世界盃決賽」都假或都真的情況下，這個不相容選言命題是假的，在其餘情況下它都是真的。

根據不相容選言命題的上述性質，不相容選言推理的有效式包括：

(1)否定肯定式

若否定一個不相容選言命題的一個選言支，則必須肯定它的另一個選言支。其形式是：

$$要麼\ p，要麼\ q$$
$$\underline{非\ p\qquad\qquad\qquad}$$
$$所以，q$$

或者

$$要麼\ p，要麼\ q$$
$$\underline{非\ q\qquad\qquad\qquad}$$
$$所以，p$$

例如：「對於前進道路上的困難，或者戰而勝之，或者被困難所嚇倒。我們不能被前進道路上的困難所嚇倒，所以，我們要戰而勝

之。」

(2)肯定否定式

若肯定一個不相容選言命題的一個選言支，則必須否定它的另一個選言支。其形式是：

> 要麼 p，要麼 q
> ————————————————
> p
> ————————————————
> 所以，非 q

或者

> 要麼 p，要麼 q
> ————————————————
> q
> ————————————————
> 所以，非 p

例如：「要麼繼續閉關鎖國而落後挨打，要麼實行改革開放而走向富強；我們不能再繼續閉關鎖國而落後挨打，所以，我們必須實行改革開放而走向富強。」再如：「要麼為玉碎，要麼為瓦全。寧為玉碎，所以，不為瓦全。」

此外，前面說到過的「由肯定一個選言支到肯定包含這個選言支的任一選言命題」的推理，對於不相容選言命題也成立，讀者可以自己驗證。

 ## 3.3　鍥而不捨，金石可鏤：假言命題

「鍥而不捨，金石可鏤」是一個假言命題，亦稱條件命題，即斷

定事物情況之間的條件關係的複合命題。由於條件關係分為三種：充分條件、必要條件和充分必要條件，相應地，假言命題也分為三種：充分條件假言命題，必要條件假言命題，充分必要條件假言命題。

3.3.1 充分條件假言命題及其推理

充分條件假言命題是斷定充分條件關係的假言命題。事物情況 p 是事物情況 q 的充分條件是指：有 p 一定有 q，但無 p 未必無 q。例如，「天下雨」就是「地上濕」的充分條件。充分條件假言命題的標準形式是「如果 p，那麼 q」，其中 p 為前件，q 為後件。在日常語言中，充分條件假言命題常常用多種形式加以表述，如「只要 p，就 q」，「一旦 p，則 q」等，有時其中的聯結詞還可以省略，如「鍥而不捨，金石可鏤」，「人心齊，泰山移」，「招手即停」。

一個充分條件假言命題，只有在前件真後件假的情況下才是假的，在前件真後件真、前件假後件真、前件假後件假的情況下都是真的。例如，充分條件假言命題「如果天下雨，那麼會議延期」，只有在天下雨但會議未延期的情況下才是假的，在其他情況下都是真的。

從上述真值情況可以看出，一個充分條件假言命題，只要其前件是假的，或者其後件是真的，它本身就是真的，即

「如果 p 則 q」等值於「或者非 p 或者 q」。

並且，「p 並且非 q」構成「如果 p 那麼 q」的否定，這兩者之間是矛盾關係，即「如果 p 則 q」等值於「並非（p 並且非 q）」。

根據充分條件假言命題的上述性質，充分條件假言推理的有效式包括：

(1)肯定前件式：

> 如果 p，那麼 q
> _____p_____
> 所以，q

　　例如，「如果官員甲擁有不受監控的權力，官員甲就很容易導致腐敗；官員甲確實擁有不受監控的權力，所以，官員甲很容易導致腐敗。」

(2)否定後件式：

> 如果 p，那麼 q
> _____非 q_____
> 所以，非 p

　　例如，「如果小張體內有癌症，則他血液中的白血球含量就會不正常升高；小張血液中的白球含量正常，所以，小張的體內沒有癌症。」
　　充分條件假言推理的否定前件式：

> 如果 p，那麼 q
> _____非 p_____
> 所以，非 q

和肯定後件式：

> 如果 p，那麼 q
> _____q_____
> 所以，p

是無效的推理形式。例如，「如果我想當外語翻譯，我就必須學好外語；我不想當外語翻譯，所以我不必學好外語。」這個推理是充分條件假言推理的否定前件式，是無效的。再如，「如果小張患肺炎，則他會發燒；小張發燒了，所以他一定患了肺炎。」這個推理是充分條件假言推理的肯定後件式，也是無效的。

3.3.2　必要條件假言命題及其推理

必要條件假言命題是斷定必要條件關係的假言命題。事物情況 p 是事物情況 q 的必要條件是指：無 p 一定無 q，但有 p 未必有 q。例如，「年滿 18 歲」是「有選舉權」的必要條件。必要條件假言命題的標準形式是「只有 p，才 q」，在日常語言中，它也可以表述為「除非 p，否則不 q」等，如「除非考試及格，否則不予錄取」。

一個必要條件假言命題，只有在前件假後件真的情況下才是假的，在前件真後件真、前件真後件假、前件假後件假的情況下都是真的。例如，必要條件假言命題「除非考試及格，否則不予錄取」，只有在「考試不及格卻予以錄取」的情況下才是假的，在其他情況下（例如「考試及格卻未予錄取」）都是真的。

根據上述真值情況可以看出，如果 p 是 q 的充分條件，則 q 是 p 的必要條件；如果 p 是 q 的必要條件，則 q 是 p 的充分條件。也就是說，

「如果 p，那麼 q」等值於「只有 q，才 p」；

「只有 p，才 q」等值於「如果 q，那麼 p」；

「只有 p，才 q」等值於「如果非 p，那麼非 q」。

‖ 例 1 ‖

一位醫生對病人甲說：「除非做手術，否則你的病好不了。」

從這句話可以知道：

A.醫生給病人做了手術；

B.病人的病被治好了；

C.病人的病沒被治好；

D.醫生認為，如果甲想治好自己的病，就必須準備做手術。

E.病人甲繳不起治療費。

—— 解　析 ——

　　醫生所說的是一個必要條件假言命題，根據上面給出的等值關係，它等值於一個充分條件假言命題，所以，正確答案是 D。

　　根據必要條件假言命題的上述性質，必要條件假言推理的有效式包括：

(1)否定前件式：

> 只有 p，才 q
>
> 非 p
> ————————————
> 所以，非 q

　　例如，「只有陳夢溪年滿 18 歲，他才有選舉權和被選舉權；陳夢溪年僅 12 歲，所以他沒有選舉權和被選舉權。」

(2)肯定後件式：

> 只有 p，才 q
>
> q
> ————————————
> 所以，p

　　例如，「只有小張學習成績好，他才能當三好學生；小張已當選為三好學生，所以，他一定學習成績好。」

必要條件假言推理的無效式有肯定前件式：

只有 p，才 q

p

所以，q

和否定後件式：

只有 p，才 q

非 q

所以，非 p

例如，「只有夏闓不循規蹈矩，他才能大有作為；夏闓不循規蹈矩，所以夏闓一定大有作為。」這個推理是必要條件假言推理的肯定前件式，明顯是無效的。再如，「只有老王不畏勞苦，他才能有所成就，老王一生談不上有什麼成就，因此老王必定是怕苦怕累之人。」這個推理是必要條件假言推理的否定後件式，是無效的。

3.3.3　充分必要條件假言推理

充分必要條件假言命題是斷定充分必要條件關係的條件命題。事物情況 p 是事物情況 q 的充分必要條件，是指有 p 就有 q，並且無 p 就無 q。充分必要條件假言命題的標準形式是「p 若且唯若 q」，這種表述形式常在數學中出現，在日常語言中通常用下述形式表示：「如果 p 則 q，並且只有 p 才 q」，「如果 p 則 q，並且如果非 p 則非 q」等。例如，毛澤東的名言「人不犯我，我不犯人；人若犯我，我必犯人」就是一個充分必要條件假言命題，它表示「人犯我」是「我犯人」的充分必要條件。

　　顯然，當前件和後件同真或同假時，一個充分必要條件假言命題為真，在前後件不同真或不同假的情況下都是假的。因此，充分必要條件假言推理有如下四個有效式：

p 若且唯若 q
_____
p
_____
所以，q

p 若且唯若 q
_____
非 p
_____
所以，非 q

p 若且唯若 q
_____
q
_____
所以，p

p 若且唯若 q
_____
非 q
_____
所以，非 p

3.4　並非價廉物美：負命題

　　「並非價廉物美」是一個負命題，即由否定一個命題而得到的命題，否定詞一般置於一個命題前面或者後面，其標準形式是「並非p」，「並不是p」。日常語言中也用「p是假的」來表示。

　　一個負命題為真，若且唯若，被它否定的命題為假。即是說，若一個命題為真，則它的負命題為假；若一個命題為假，則它的負命題為真。

　　這裡有必要指出以下兩點：(1)負命題和它所否定的命題之間是矛盾關係；(2)負命題不同於前一章所說到的否定命題「S 不是 P」，在負命題中，否定詞冠於整個句子之前，或置於整個句子之後；而在否定命題中，否定詞插入句子的主、謂詞之間。例如，「並非所有S是P」並不等值於「所有 S 不是 P」，而是等值於「有些 S 不是 P」。

　　上面實際上提到了幾種負複合命題的等值命題，仍較系統地重列如下：

(1)「並非（p 並且 q）」等值於「非 p 或者非 q」。

例如，「並非價廉物美」等值於「或者價不廉，或者物不美」。

(2)「並非（p 或者 q）」等值於「非 p 且非 q」。

例如，「並非明天或者颳風或者下雨」，等值於「明天既不颳風也不下雨」。

(3)「並非如果 p 則 q」等值於「p 並且非 q」。

例如，「並非（乘客）招手（公車）即停（車）」，等值於「（乘客）招手，但（公車）並不停（車）」。

(4)「並非只有 p 才 q」等值於「非 p 且 q」。

例如，「並非只有天才才能有發明創造」，等值於「即使不是天才，也能有發明創造」。

(5)「並非（p 若且唯若 q）」等值於「p 且非 q，或者，非 p 且 q」。

例如，否定上面提到的毛澤東的那句名言，就等於是說：「人犯我但我不犯人，或者，人不犯我我卻要犯人」。這近乎是一個瘋子的行為。

3.5 常用的幾種複合命題推理

(1)反三段論

其內容是：如果兩個前提能夠推出一個結論，那麼，如果結論不成立且其中的一個前提成立，則另一個前提不成立。其形式是：

如果 p 且 q 則 r
所以，如果非 r 且 p 則非 q

或者

　　　如果 p 且 q 則 r，

　　　所以，如果非 r 且 q 則非 p

-------------- ‖ 例 2 ‖ --------------

　　如果所有的鳥都會飛，並且鴕鳥是鳥，則鴕鳥會飛。

　　從這個前提出發，需加上下面哪一組前提，才能邏輯地推出「有些鳥不會飛」？

　　A.鴕鳥不是鳥，且鴕鳥會飛；

　　B.有的鳥會飛，且鴕鳥是鳥；

　　C.鴕鳥不會飛，但鴕鳥是鳥；

　　D.鴕鳥不會飛，且所有的鳥都會飛；

　　E.鴕鳥不會飛，且鴕鳥不是鳥；

　　　　── 解　析 ──

　　題幹的前提部分可以表示為「如果 p 且 q 則 r」，結論部分是「有些 S 不是 P」，它等值於「並非所有 S 都是 P」，也就是等值於非 p。根據反三段論的形式，要推出最後結論非 p，所要補充的前提是非 r 且 q，所以正確的選擇是 C。

(2)歸謬式推理

　　其內容是：如果從一個命題出發能夠推出自相矛盾的結論，則這個命題肯定不成立。其形式是：

　　　如果 p 則 q

　　　如果 p 則非 q

　　　所以，非 p

(3)反證式推理

其內容是：如果否定一個命題能夠推出自相矛盾的結論，則這個命題肯定成立。其形式是：

$$如果非 \ p \ 則 \ q$$
$$\underline{如果非 \ p \ 則非 \ q}$$
$$所以，p$$

歸謬式和反證式推理對於解某些邏輯運算題特別有用，具體辦法是：先假設某個前提或選項為真或者為假，看能否從中推出矛盾。如果能推出矛盾，則原來的假設不成立，該假設的否定成立；如果不能推出矛盾，則該假設可能成立也可能不成立。

‖ 例 3 ‖

從前，一個孤島上有一個奇怪的風俗：凡是漂流到這個島上的外鄉人都要作為祭品被殺掉，但允許被殺的人在臨死前說一句話，然後由這個島上的長老判定這句話是真的還是假的。如果說的是真話，則將這個外鄉人在真理之神面前殺掉；如果說的是假話，則將他在錯誤之神面前殺掉。有一天，一位哲學家漂流到這個島上，他說了一句話，使得島上的人沒有辦法殺掉他。

該哲學家必定說下面哪一句話？

A.你們這樣做不合乎理性。

B.我將死在真理之神面前。

C.你們還講不講道德良心？

D.我將死在錯誤之神面前。

E.要殺要剮，由你們決定，但上帝會懲罰你們的。

─── **解　析** ───

　　與一個具有完全不同的話語體系的群體，說選項 A、C、E 這樣的話，顯得迂腐可笑。如果說選項 B，則長老就可以任意地判定這句話是真的或者假的，於是就把這位哲學家在真理之神或錯誤之神面前殺掉，而沒有任何矛盾。但假如這位哲學家說的是 D，這句話或者為真或者為假。如果為真，按照約定，就應該在真理之神面前殺掉他；但一旦真要這樣做時，該哲學家就說了一句假話，又按照約定，應該在錯誤之神面前殺掉他；然而，若這樣做，哲學家就說的是真話，就應該在真理之神面前殺掉他，……。如此循環往復，如果島民要遵守自己的諾言，就根本不能殺掉該哲學家。真實的情形也確實如此，並且由於這位哲學家使島民充分認識到他們原來做法的怪誕和荒謬，這個島從此就廢除了那個奇怪的風俗，並讓那位哲學家做了他們的酋長。據說，這個島就是現在的──海南島。

‖ **例 4** ‖

　　全運會男子 10000 米比賽，大連、北京、河南各派了三名運動員參加。賽前四名體育愛好者在一起預測比賽結果。甲斷言：「傳統強隊大連隊訓練很紮實，這次比賽前三名非他們莫屬。」乙則說：「據我估計，後起之秀北京隊或者河南隊能夠進前三名。」丙預測：「第一名如果不是大連隊的，就是北京隊的。」丁堅持：「今年與去年大不相同了，前三名大連隊最多占一席。」比賽結束後，發現四人中只有一人的預測是正確的。

　　以下哪項最可能是該項比賽的結果？

A.第一名大連隊，第二名大連隊，第三隊大連隊。

B.第一名大連隊，第二名河南隊，第三名北京隊。

C.第一名北京隊，第二名大連隊，第三名河南隊。

D.第一名河南隊，第二名大連隊，第三名大連隊。

E.第一名河南隊，第二名大連隊，第三名北京隊。

── 解　析 ──

　　這一次我們先假設某個選項為真，看它能否與給定的前提相容，若不相容，則該選項不可能成立。假設選項A成立，則甲的話真，丙的話也真，因為丙說的是一個充分條件假言命題，並且它的前件為假，因此該充分條件假言命題肯定為真，這樣就有兩句真話，與題幹中「四人中只有一人預測正確」矛盾，因此選項A不成立。再假設選項B成立，則乙和丁的預測是正確的，這又與給定條件「四人中只有一人預測正確」矛盾，因此B不成立。E情形同B，因此也不成立。再假設C成立，則乙、丙、丁的話都是真的，與給定條件矛盾，故不成立。所以，正確的選項是 D，因為這時只有乙的話是真的，甲、丙、丁的話都是假的，與給定條件相符。

---

(4)二難推理

這實際上是假言推理和選言推理的複合，最常用的有兩形式：

(4.1)簡單構成式：

　　　如果 p 則 r
　　　如果 q 則 r
　　　　p 或者 q
　　　所以，r

　　歐洲中世紀曾被稱為「黑暗的世紀」。當時，基督教神學占據絕對統治地位，它宣揚上帝創世說：上帝在七天之內創造了這個世界。第一天，創造了天和地，並創造了光，把時間分為晝與夜。第二天，創造了空氣和水。第三天，用水區分了陸地和海洋，並讓地上生長果木菜蔬。第四天，創造了太陽、月亮和星星，並由此區分晝、夜和時間節氣。第五天，創造了水中的魚和空中的鳥。第六天，上帝創造了

各種動物，並用泥土按自己的樣子造出了人類始祖——亞當，並讓他去管理地上的各種動植物。（後來，上帝見亞當孤單，取他身上的一根肋骨造出了夏娃。）第七天，上帝歇息了，於是這一天成為萬民的休息日——禮拜天。基督教認為，這位創世的上帝是聖父、聖靈、聖子三位一體，是全知、全善、全能的。但有人給神學家提出了這樣一個問題：「您說上帝萬能，那麼我請問您：上帝能不能創造一塊他自己舉不起來的石頭？」並進行了這樣的推理。

　　如果上帝能夠創造這樣的一塊石頭，那麼他不是萬能的，因
　為有一塊石頭他舉不起來；
　　如果上帝不能創造這樣的一塊石頭，那麼他不是萬能的，因
　為有一塊石頭他不能創造；
　　上帝或者能夠創造這樣一塊石頭，或者不能創造這樣一塊石頭，
　　所以，上帝不可能是萬能的。

這是一個典型的簡單構成式的二難推理。

(4.2)複雜構成式

　　如果 p 則 r
　　如果 q 則 s
　　p 或者 q
　　r 或者 s

　　據說古希臘哲學家蘇格拉底曾勸男人們都要去結婚，他的規勸是這樣進行的：

　　如果你娶到一個好老婆，你會獲得人生的幸福；
　　如果你娶到一個壞老婆，你會成為一位哲學家；

你或者娶到好老婆，或者娶到一位壞老婆，

所以，你或者獲得人生的幸福，或者成為一位哲學家。

這裡所使用的就是二難推理的複雜構成式。在蘇格拉底看來，即使成為一位哲學家，也不是一件太壞的事情。他本人就是一位哲學家，儘管不能由此推出他的老婆就一定壞，但據說他的老婆確實也不太好，經常對他作河東獅吼。恐怕也難怪他的妻子，因為蘇格拉底作為一位哲學家是傑出的，但他作為一名丈夫甚至可能是不合格的。據說他長相醜陋，沒有什麼財產，整天又熱衷於與人辯論，由此證明別人的無知，並證明他自己除了知道自己無知外其實也一無所知。當這樣丈夫的妻子也實在是不容易。

 ## 3.6　真值聯結詞　真值形式　重言式

前面談到了自然語言中的五大類聯結詞：「並且」，「或者」，「如果，則」，「若且唯若」，「並非」。這些聯結詞除了表示支命題之間的真假關係外，還表達了各支命題之間的內容、意義方面的關聯。例如，下述聯言命題就是如此：

(1)並列關係：得道多助，失道寡助。

(2)承接關係：高陽結了婚，並且生了孩子。

(3)轉折關係：林紓是翻譯家，但他卻不懂外語。

(4)遞進關係：他不但沒有跪下，反而把腰桿挺得更直了。

同樣，自然語言中的條件聯結詞「如果，則」也有很多含義，主要有：

(1)條件關係：「如果天雨，那麼地濕。」這裡，前件是後件的充分條件。

(2)因果關係：「如果某人感冒，則某人發燒。」這裡，前件是後

件的原因。

(3)推理關係：「如果所有金子都是閃光的，則有些閃光的東西是金子。」這裡，後件是從前件邏輯推出的結論。

(4)詞義關係：「如果張三比李四胖，則李四比張三瘦。」這裡，後件是根據「胖」、「瘦」的詞義從前件推出來的。

(5)假設關係：「假如中國不發生文化大革命，中國也許已經成為中等發達程度的國家了。」這裡，前件是一種反事實假設，後件則是由此生發出來的猜想。

(6)時序關係：「如果冬天來了，則春天就不會遙遠。」就字面含義而言，這裡前件是時間上的先行事件，後件是它的後續事件。

(7)允諾、威脅甚至是打賭：「如果你好好完成作業，我就給你買一塊大蛋糕。」「如果你不按我的要求辦，我就每天殺掉一名人質。」「如果你能跳過這道深溝，我把我的轎車輸給你。」

正像其他任何科學對其研究對象都要進行抽象、有所捨棄一樣，邏輯也不能刻畫命題聯結詞如此眾多並且差異懸殊的涵義和用法，而要把一切個別的、特殊的東西作為不相干因素捨棄掉，抽象出其中共同的特性。問題在於什麼是相干的因素，什麼是不相干的因素？前面已指出，邏輯是關於推理和論證的科學，即使它研究命題，歸根結底也是為了研究推理。在邏輯看來，推理的最重要特性就是它的保真性或有效性，即從真實的前提出發，進行合乎邏輯的推理，應該只能得到真實的結論，而不會得到假的結論。也就是說，邏輯認為：推理中最重要的關係就是前提和結論之間的真假關係，相應地，簡單命題最重要的邏輯特性就是它的真與假，複合命題最重要的邏輯特性就是它的支命題的真假與該複合命題本身的真假之間的關係，而這種關係是由命題聯結詞來承擔的。當我們撇開聯結詞所表達的各支命題在內容、意義上的聯繫，而只考慮各支命題之間、以及支命題與該複合命題本身之間的真假關係，這樣的聯結詞就成為真值聯結詞了。

為了與日常聯結詞相區別，同時也為了書寫的方便，邏輯學家們

特製了一些專門的符號去表示真值聯結詞：

(1)∧：讀作「合取」，相當於日常語言中的「並且」；

(2)∨：讀作「析取」，相當於日常語言中的「或者」；

(3)→：讀作「蘊涵」，相當於日常語言中的「如果，則」；

(4)↔：讀作「等值」，相當於日常語言中的「若且唯若」；

(5)¬：讀作「否定」，相當於日常語言中的「並非」。

此外，為了表示符號之間的結構關係，還需要一些輔助符號，如左括號「（」和右括號「）」。然後，用真值聯結詞連接命題變項 p，q，r，s，……，可以形成所謂的「真值形式」。定義如下：

(1)任一命題變項是真值形式；

(2)如 A 是真值形式，則¬A 是真值形式；

(3)如果 A 和 B 是真值形式，則 A∧B，A∨B，A→B，A↔B 是真值形式；

(4)只有按以上方式形成的符號串是真值形式。

根據上述定義，我們可以判定任一符號串是不是真值形式，例如：

$$(\neg((p \wedge q) \leftrightarrow (r \vee s)) \wedge p) \rightarrow (q \vee (r \leftrightarrow q))$$

由於 p 和 q 都是真值形式，則 p∧q 是真值形式；由於 r 和 s 都是真值形式，則 r∨s 是真值形式；因此，(p∧q)↔(r∨s)是真值形式；因此，¬((p∧q)↔(r∨s))是真值形式；因此，¬((p∧q)↔(r∨s))∧p是真值形式；由於 q 和 r 都是真值形式，則 r↔q 是真值形式；因此，q∨(r↔q)是真值形式；因此，(¬((p∧q)↔(r∨s))∧p)→(q∨(r↔q))是真值形式。不過，儘管 p，q，r，s，(p∧q)、(r∨s)、(r∨s)∧p 都是真值形式，但(p∧q)¬不是真值形式，所以((p∧q)¬)↔((r∨s)∧p)也不是真值形式。

上述真值聯結詞的意義由下述真值表給出：

p	q	¬p	p∧q	p∨q	p→q	p↔q
真	真	假	真	真	真	真
真	假	假	假	真	假	假
假	真	真	假	真	真	假
假	假	真	假	假	真	真

　　從這個真值表可以看出，¬p 的真值（包括真和假）與 p 的真值恰好相反。當 p 和 q 都真時，p∧q 為真；當 p 和 q 有一個為假時，p∧q 為假。當 p 和 q 有一個為真時，p∨q 為真，如果 p 和 q 都假，則 p∨q 為假。只有 p 真 q 假時，p→q 為假；在 p 真 q 真、p 假 q 真、p 假 q 假時，p→q 都為真。後三種情況也可以概括為：如果前件假或者後件真，則 p→q 為真。如果 p 和 q 同真或者同假，則 p↔q 為真；如果 p 和 q 不同真或者不同假，則 p↔q 為假。這裡，命題形式¬p，p∧q，p∨q，p→q，p↔q的真值取決於兩個因素：其中所含命題變項的真值，以及其中所出現的真值聯結詞。

　　一個真值形式，如果不論其中的命題變項取什麼樣的真值，它恆取真值真，則該真值形式是重言式；一個真值形式，如果不論其中的命題變項取什麼樣的真值，它恆取真值假，則該真值形式是矛盾式；一個真值形式，如果對於其中命題變項的某些真值組合取值為真，對於某些另外的真值組合取值為假，則該真值形式是偶真式。重言式是命題邏輯中的規律，大多數是有效的推理形式。一個真值形式是不是重言式，可以用多種方法判定，例如真值表法，歸謬賦值法，樹形圖法，範式方法。

　　為了敘述的方便，以後不太嚴格地把真值形式簡稱為「公式」，作為它的構成成分出現的真值形式簡稱為「子公式」。並且，我們把形如¬A 的公式叫做「否定式」，把形如 A∧B 的公式叫做「合取式」。把形如 A∨B 的公式叫做「析取式」，把形如 A→B 的公式叫做「蘊涵式」，把形如 A↔B 把公式叫做「等值式」。

用真值表法判定一個公式是不是重言式的步驟是：

(1)找出該公式中所有不同的命題變項，並豎行列出它們之間所有可能的真值組合。例如：$((p \wedge q) \wedge p) \rightarrow q$ 中有兩個不同的命題變項 p、q，每個命題變項有兩個可能的真值：真和假；當其中一個變項取值為真時，另一個變項可能取值為真，也可能取值為假，於是兩個命題變項就有 $2^2 = 4$ 種可能的真值組合。

p	q
真	真
真	假
假	真
假	假

一般地說，如果一個公式含有 n 個不同的命題變項，則它有 2^n 種可能的真值組合。

(2)按照該公式的生成次序，由簡單到複雜的列出該公式的所有子公式，直至該公式本身。例如，$((p \rightarrow q) \wedge p) \rightarrow q$ 中的全部子公式有：

p，q，$p \rightarrow q$，$(p \rightarrow q) \wedge p$，$((p \rightarrow q) \wedge p) \rightarrow q$

(3)按照上面給定的真值表，由命題變項的真值逐步計算出各個子公式的真值，直至該公式本身的真值。若該公式恆取值為真，則它為重言式；若它恆取值為假，則它為矛盾式；若它有時取值為真、有時取值為假，則它為偶真式。

p	q	p→q	(p→q)∧p	(p→q)∧p→q
真	真	真	真	真
真	假	假	假	真
假	真	真	假	真
假	假	真	假	真

該真值表的最後一欄恆取真值真，則((p→q)∧p)→q是一個重言式。

當一個公式中所含的命題變項比較多，因而其中的子公式也比較多時，真值表可能就會有很多列，很多欄，畫起來很不方便。例如：

$$((p∧q∧r)→s)→(¬s→(p→(q→¬r)))$$

這個公式中有四個不同的命題變項p、q、r、s，它們可能的真值組合是$2^4 = 16$種，這意味著它的真值表有17列。其中的子公式有12個，這意味著該真值表有12欄。畫一個有17列、12欄的真值表，肯定可以畫出來，但畢竟有一點麻煩。而原則上，可以有任意複雜度的公式，因此真值表方法將會很笨拙，需要簡化。

歸謬賦值法就是真值表方法的簡化，其基本思路是：先假設一個公式不是重言式，即可以為假，然後按照命題聯結詞的真值表，逐步算出其中各個子公式的真值，直至計算出其中所含的命題變項的真值，看能否導致矛盾的賦值：即必須對同一個子公式或命題變項既賦真值真又賦真值假。根據歸謬法，原假設不成立，該公式是重言式。

例如，設((p∧q∧r)→s)→(¬s→(p→(q→¬r)))為假，由於此公式是一個蘊涵式，按照→的真值表，則(p∧q∧r)→s為真，¬s→(p→(q→¬r))為假。由¬s→(p→(q→¬r))為假，可知¬s真，根據¬的真值表，可知s假。由p→(q→¬r)為假，根據→的真值表，可知p真而q→¬r假，可知q真且¬r假，可知r真。把p真、q真、r真、s假的值代入前件(p∧q∧r)→s中，則會得到前件為假，矛盾。所以，該公式是重言式。在使

用歸謬賦值法時，一般用「1」表示真，「0」表示假，賦值過程可以分行列出，也可以用一行表示出來。如果出現相互矛盾的賦值，則在相應的賦值底下標上短橫線：

$$((p \wedge q \wedge r) \rightarrow s) \rightarrow (\neg s \rightarrow (p \rightarrow (q \rightarrow \neg r)))$$

1 1 1 1 1 1 0 0 　100 　10 　10 01

 ## 3.7 模態命題及其推理

在邏輯中，「必然」、「可能」、「不可能」等叫做「模態詞」，包含模態詞的命題叫做「模態命題」。例如，「在有窮世界裡，部分必然小於整體」，「在無窮世界裡，部分可能等於整體」，「人不可能長生不死」等，都是模態命題，可以分別表示為「必然p」、「可能q」和「不可能r」。「必然p」、「不可能p」（必然非 p）、「可能 p」和「可能非 p」之間的真假關係，類似於直言命題A、E、I、O之間的真假關係，也可以用一個對當方陣來表示：

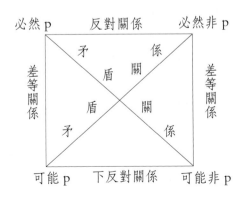

根據這種對當關係，可以在模態命題之間建立下述推理關係：

(1)「必然 P」推出「並非必然非 P」；

(2)「必然非 P」推出「並非必然 P」；

(3)「必然 P」推出「可能 P」；

(4)「並非可能 P」推出「並非必然 P」；

(5)「必然非 P」推出「可能非 P」；

(6)「並非可能非 P」推出「並非必然非 P」；

(7)「必然 P」等值於「並非可能非 P」；

(8)「必然非 P」等值於「並非可能 P」；

(9)「可能 P」等值於「並非必然非 P」；

(10)「可能非 P」等值於「並非必然 P」；

(11)「不可能 P」等值於「必然非 P」。

‖ 例 5 ‖

前美國總統林肯說過：「最高明的騙子，可能在某個時刻欺騙所有人，也可能在所有時刻欺騙某些人，但不可能在所有時刻欺騙所有的人。」

如果林肯的上述斷定是真的，那麼下述哪項斷定是假的？

A.林肯可能在某個時刻受騙。

B.林肯可能在任何時刻都不受騙。

C.騙子也可能在某個時刻受騙。

D.不存在某個時刻所有人都必然不受騙。

E.不存在某一時刻有人可能不受騙。

解　析

選項 A 和 C 都可以從「騙子可能在某個時刻欺騙所有人，也可能在所有時刻欺騙某些人」推出；D 等於是說「在所有時刻有些人可能受騙」，顯然也可從題幹中推出；B 可以從「不可能在所有時刻欺騙

「所有人」推出；E 等於是說「在所有時刻所有人都必然受騙」，這與題幹所說的「不可能在所有時刻欺騙所有的人」相矛盾，因此 E 是假的。故正確選項是 E。

3.8 命題邏輯知識的綜合應用

在邏輯考試特別是智力測驗型考試中，有時會單獨用到關於某一種複合命題的知識，更多的時候是要綜合運用關於各種複合題及其推理的知識。

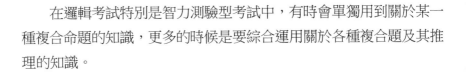

║ 例 6 ║

下面兩題基於下述共同題幹：

北大百年校慶時，昔日學友甲、乙、丙會聚燕園。時光荏苒，他們也都功成名就，分別為作家、教授、省長。還知道：

I.他們分別畢業於哲學系、經濟系和中文系。

II.作家稱讚中文系畢業者身體健康。

III.經濟系畢業者請教授寫了一個條幅。

IV.作家和經濟系畢業者在一個省工作。

V.乙向哲學系畢業者請教過哲學。

VI.過去念書時，經濟系畢業者、乙都追求過丙。

1.根據上述題幹，下列陳述哪一個是真的？

A.丙是作家，甲是省長。

B.乙畢業於哲學系。

C.甲畢業於中文系。

D.中文系畢業的是作家。

E.經濟系畢業的是教授。

── 解　析 ──

　　從題幹知道，兩個不相容選言命題「或者畢業於哲學系，或者畢業於經濟系，或者畢業於中文系」和「或者是作家，或者是教授，或者是省長」，對於甲、乙、丙都成立。由 VI 知道，甲畢業於經濟系；由 IV 知道，甲不是作家；由 III 知道，甲不是教授；所以，甲是省長。由 V 知道，乙不是畢業於哲學系，乙當然也不畢業於經濟系，故他畢業於中文系；由 II 知道，乙不是作家，所以乙是教授。由此可知，丙畢業於哲學系，是作家。因此，正確的選項是 A。

　　2.在上述題幹中增加條件「如果甲、乙、丙中某位學友是作家，省長將邀請他擔任省政府顧問」，由此可推出：

A.省政府顧問畢業於中文系。

B.教授是省政府顧問。

C.省政府顧問畢業於經濟系。

D.省政府顧問原來是學哲學的。

E.丙不是省政府顧問。

── 解　析 ──

　　由上面的解析已經知道，丙畢業於哲學系，他是作家。因此，正確的選項是 D。

‖ 例 7 ‖

　　紅星中學的四位老師在高考前對某理科畢業班學生的前景進行推測，他們特別關注班裡的兩個頂尖學生。

　　張老師說：「如果余涌能考上清華，那麼方寧也能考上清華。」

　　李老師說：「依我看這個班沒人能考上清華。」

　　王老師說：「不管方寧能否考上清華，余涌考不上清華。」

　　趙老師說：「我看方寧考不上清華，但余涌能考上清華。」

高考的結果證明，四位老師中只有一人的推測成立。

如果上述斷定是真的，則以下哪項也一定是真的？

A.李老師的推測成立。

B.王老師的推測成立。

C.趙老師的推測成立。

D.如果方寧考不上清華大學，則張老師的推測成立。

E.如果方寧考上了清華大學，則張老師的推測成立。

解　析

　　題幹中張老師和趙老師的形式分別為「如果 p 則 q」和「p 並且非 q」。由前面的討論可知，它們是互相矛盾的，根據矛盾律和排中律，其中必有一個推測成立且只有一個成立。又由給定條件，四人中只有一人的推測成立，因此李老師和王老師的推測均不成立，即有人考上了大學，且這個就是余涌。因此，如果方寧也考上了大學，則只有張老師的推測成立，所以正確答案是 E。

第四章

你說謊，賣國賊是說謊的，所以你是賣國賊？

————詞項邏輯

亞里斯多德（Aristotle, 西元前 384/3—322 年），誕生在古希臘的斯塔吉拉城，其父為馬其頓國王的宮廷醫師。17 歲時入柏拉圖創立的雅典學園，師從柏拉圖達 20 年。但他對柏拉圖的理論批評態度，據說有一句名言：「吾愛吾師，但吾更愛真理。」他曾任亞歷山大大帝的教師。後創立呂克昂學園，由於採取一邊散步一邊教學的方式，他的學園被廣泛稱為「逍遙學派」。他是一位百科全書式的學者，是古希臘哲學的總結性人物。一生著述宏富，其主要著作有：《工具論》，討論邏輯問題；《形而上學》，討論抽象的一般哲學問題；《物理學》、《論天》、《論生滅》、《論靈魂》，討論自然哲學問題；《尼可馬各倫理學》、《大倫理學》、《歐德謨倫理學》，討論道德倫理問題。此外，還有《政治學》、《修辭學》、《詩學》以及有關政治、經濟等方面的其他著作。在這些著作中，他對先前的一切哲學進行全面認真的批判研究，兼收並蓄；對千差萬別的宇宙現象作出多種方式、多種層次、多種側面的闡明，開創了邏輯學、倫理學、政治學和生物學等學科的獨立研究，史稱「邏輯之父」。在整個西方哲學史和文化史上，亞里斯多德發揮了廣泛而又重要的影響。

〈範疇篇〉，〈解釋篇〉，〈前分析篇〉，〈後分析篇〉，〈論題篇〉，〈辨謬篇〉，是亞里斯多德的六篇邏輯著作，後人將其編輯在一起，冠之以《工具論》的書名。在這些著作中，他討論了廣泛的邏輯問題：例如，概念、範疇問題，提出了著名的「四謂詞」、「十範疇」學說；直言命題及其相互關係，模態命題及相互關係；直言三段論，模態三段論；證明理論，提出了比較系統的公理化思想；論辨、謬誤以及謬誤的反駁。此外，在《形而上學》一書中，還重點探討了矛盾律和排中律。總起來說，在這些著作中，亞里斯多德建立了一種「大邏輯」框架，在後來十幾個世紀中占據統治地位的邏輯教學體系，即「概念→判斷→推理→論證」，在他那裡已成雛形。但他在邏輯方面的主要成就，還是以直言命題為對象、以三段論理論為核心的詞項邏輯理論，該理論迄今為止沒有實質性變化，只不過作了少許

添加和改良。因此，談論詞項邏輯，就不能不談到亞里斯多德。

　　亞里斯多德（Aristotle, 西元前 384—前 322 年），古希臘哲學家，一位百科全書式的學者。一生著述宏富，其主要邏輯著作有：〈範疇篇〉、〈解釋篇〉、〈前分析篇〉、〈後分析篇〉、〈論題篇〉、〈辨謬篇〉，後人將其集成《工具論》出版。他創立了以三段論為主體的詞項邏輯體系，史稱「邏輯之父」。

　　格言：

　　求知是人之本性。

　　三段論是一種論證，其中只要確定某些論斷，某些異於它們的事物便可以從如此確定的論斷中推出。

 ## 4.1　所有的金子都是閃光的：直言命題

　　「所有的金子都是閃光的」，「有的天鵝不是白的」，「李白是我國唐朝的大詩人」，都是邏輯學說上所說的「直言命題」。從形式上說，直言命題是一個主謂式命題，它斷定了某個數量的對象具有或

者不具有某種性質，因此也叫做「性質命題」。

 ## 4.1.1　直言命題的結構和類型

　　直言命題由主項、謂項、量項、聯項四部分構成。在分析直言命題的形式結構時，如果主項是普遍詞項，通常用大寫字母S表示；如果主項是單稱詞項，即專名和摹狀詞，則用小寫字母a表示。謂項始終用大寫字母P表示。直言命題的主項和謂項合稱「詞項」。聯項包括肯定聯項（「是」）和否定聯項（「不是」）；量項包括全稱量項（「所有」、「任一」，……）和特稱量項（「有的」、「有些」，……），有時也考慮單稱量項，如「這個」、「那個」和「某個」。根據所含的聯項和量項的不同，可以把直言命題分為六種類型：

　　全稱肯定命題：所有 S 都是 P，記為 SAP，縮寫為 A。

　　全稱否定命題：所有 S 都不是 P，記為 SEP，縮寫為 E。

　　特稱肯定命題：有的 S 是 P，記為 SIP，縮寫為 I。

　　特稱否定命題：有的 S 不是 P，記為 SOP，縮寫為 O。

　　單稱肯定命題：a（或某個 S）是 P。

　　單稱否定命題：a（或某個 S）不是 P。

-------------- ‖ 例 1 ‖ --------------

A：所有天鵝都是珍貴的。

E：所有宗教都不是科學。

I：有的哺乳動物是卵生的。

O：有的科學家不是大學畢業的。

單稱肯定：臺灣是中國領土不可分割的一部分。

單稱否定：柯林頓不是美國歷史上最好的總統。

　　直言命題的詞項是語言學中的語詞，有內涵和外延。詞項的內涵

是該詞項所表達的意思，或者說，是該詞項所指稱的對象所具有的屬性或本質屬性。一個詞項所表達的概念就是該詞項的內涵，並且由於概念都由相應的詞項來表達，因此在日常思維中，常把一個詞項和該詞項所表達的概念視為同一。詞項的外延是該詞項所表示或指稱的那個對象或對象的類別，如單獨概念「孔子」的外延則是中國古代歷史上的孔子其人，普遍概念「人」的外延是來自不同的種族、具有不同的膚色、年齡和文化傳統的各種各樣的人所組成的類或者集合。詞項邏輯主要處理詞項（或概念）的外延，並用歐拉圖（或者用文恩圖）來表示概念的外延。若用歐拉圖表示，兩個詞項（或概念）的外延之間並且只有以下五種關係：

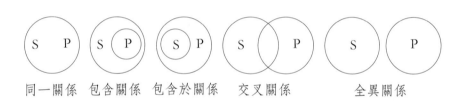

同一關係　包含關係　包含於關係　交叉關係　　全異關係

　　如果所有的 S 都是 P，但有些 P 不是 S，則稱 P 是 S 的屬概念，S 是 P 的種概念，S 和 P 是種屬關係，例如，「鯨魚」和「哺乳動物」、「偵察機」和「航空器」之間就是種屬關係，前一概念是種概念，後一概念是屬概念。如果兩個概念沒有共同的外延，並且它們的外延之和等於它們的屬概念的外延，例如「奇數」和「偶數」相對於「整數」，「男人」和「女人」相對於「人」，「正義戰爭」和「非正義戰爭」相對於「戰爭」，則稱這兩個概念之間是矛盾關係。如果兩個有矛盾關係的概念都是肯定概念，如「奇數」和「偶數」，則它們互為正負概念；如果一個為肯定概念，另一個為否定概念，如「正義戰爭」和「非正義戰爭」，則否定概念是肯定概念的負概念。如果兩個概念沒有共同的外延，並且它們的外延之和小於它們的屬概念的外延，例如「數學」和「物理學」相對於「自然科學」，則它們之間

是反對關係，將這兩種關係圖示如下：

　　　矛盾關係　　　　　　　　　反對關係

　　值得特別指出的是，直言命題中的量詞「有些」表示「至少有些，至多全部」，而不像日常思維中那樣，有時候也表示「僅僅有些」。因此，從「有些 S 是 P」，不能推出「有些 S 不是 P」；同樣，從「有些 S 不是 P」，也不能推出「有些 S 是 P」。另外，在日常語言中，直言命題的表達可能是很不規範的，例如，「每一個人都會死」，「任何人都難免一死」，「人總有一死」，「凡人皆有死」，「人統統會死」，「沒有人不死」，「難道有人不死嗎？」，都是在用不同的方式表達「所有的 S 都是 P」，應整理成 A 命題。「沒有負數是大於 1 的」，等於是說「所有負數都不是大於 1 的」，應整理成為 E 命題。「人不都是自私的」，應整理成「有的人不是自私的」，是 O 命題。在進行邏輯分析時，遇到不規範的直言命題，應先將其整理成規範形式，然後進行其他步驟，以免出錯。

 ## 4.1.2　直言命題間的對當關係

　　直言命題之間的對當關係，是指有相同素材（即有相同主項和謂項）的直言命題間的真假關係。如果沒有相同的主謂項，則無法比較它們的真假。例如，我們可以比較「所有的天鵝都是白色的」與「有的天鵝不是白色的」之間的真假關係，但我們無法比較「所有的姑娘都是漂亮的」和「有些小伙子是聰明的」之間的真假關係。

一個直言命題只不過是對於其主項和謂項之間的外延關係的一種斷定，其真假也取決於這種外延關係，可列表如下：

詞項關係 命題類別	S P	S P	S P	S P	S P
SAP	真	假	真	假	假
SEP	假	假	假	假	真
SIP	真	真	真	真	假
SOP	假	真	假	真	真

可以把 A、E、I、0 之間的真假關係概括為四類，即矛盾關係、差等關係、反對關係和下反對關係。分述如下：

4.1.2.1 矛盾關係

指 A 與 0、E 與 I 的關係，它們之間不能同真，也不能同假，因而必有一真，也必有一假。於是，由一個為真，就可以推出另一個為假；由一個為假，就可以推出另一個為真。例如，由「所有金子都是閃光的」為真，可以邏輯地推出「有些金子不閃光」為假；由「有的哺乳動物是卵生的」為真，可以邏輯地推出「所有的哺乳動物都不是卵生的」為假。

有時我們也撇開真假概念，用否定詞、等值把矛盾關係表述如下：

(1)「SAP」等值於「並非 SOP」

(2)「SEP」等值於「並非 SIP」

(3)「SIP」等值於「並非 SEP」

(4)「SOP」等值於「並非 SAP」

這裡所說的兩個命題等值是指：兩個命題形式可能不同，但表達的邏輯內容是相同的，即它們恆取相同的真假值。

 ### 4.1.2.2　差等關係

亦稱「從屬關係」，指 A 與 I、E 與 0 之間的關係。這種關係存在於同質（同為肯定或否定）的全稱命題和特稱命題之間，我們可以把它概括為：如果全稱命題真，則相應的特稱命題真；如果特稱命題假，則相應的全稱命題假；如果全稱命題假，則相應的特稱命題真假不定；如果特稱命題真，則相應的全稱命題真假不定。例如，如果「有的網路精英不是億萬富翁」為假，則從邏輯上可以推知：「所有的網路精英不是億萬富翁」為假；但是，假如前者為真，則不能邏輯地推知「所有網路精英都不是億萬富翁」究竟是真還是假。

 ### 4.1.2.3　反對關係

指 A 與 E 的關係，它們之間不能同真，但可以同假。於是，若一個為真，則另一個必為假；若一個為假，則另一個真假不定。例如，已知「所有科學家都不是思想懶漢」為真，可以邏輯地推出「所有科學家都是思想懶漢」為假：但從「所有奇數都能被 3 整除」為假，卻不能邏輯地推知「所有的奇數都不能被 3 整除」究竟是真還是假。

 ### 4.1.2.4　下反對關係

指 I 與 0 的關係，它們之間可以同真，但不能同假。於是，由一個為假，可以邏輯地推出另一個為真，但從一個為真，不能確切地知道另一個的真假。例如，已知「有些兒童是共產黨員」為假，則可以邏輯地知道「有些兒童不是共產黨員」為真；但從「有些民主黨派人士是教授」為真，卻不能邏輯地知道「有些民主黨派人士不是教授」的真假。

可以用下述簡圖來刻畫對當關係，這個圖被稱為「對當方陣」或「邏輯方陣」：

一般把單稱命題作為全稱命題的特例來處理。但是，在考慮對當關係（即真假關係）時，單稱命題不能作為全稱命題的特例。如果涉及有同一素材的單稱命題，那麼以上所述的對當關係要稍加擴展：單稱肯定命題和單稱否定命題是矛盾關係；全稱命題與同質的單稱命題是差等關係；單稱命題與同質的特稱命題也是差等關係，但與不同質的特稱命題是下反對關係；單稱命題與不同質的全稱命題是反對關係。這種關係可用下圖刻畫：

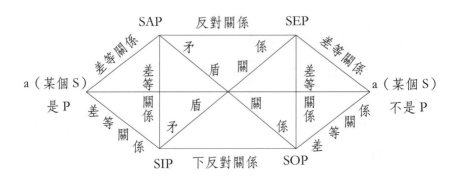

‖ 例 2 ‖

如果所有的鳥都會飛，並且鴕鳥是鳥，則鴕鳥會飛。

從上述前提出發，若加上前提「鴕鳥都不會飛，但鴕鳥是鳥」之後，我們仍不能邏輯地確定下列哪些陳述的真假？

Ⅰ.並非所有的鳥都會飛；

Ⅱ.有的鳥會飛；

Ⅲ.所有的鳥都不會飛；

Ⅳ.有的鳥不會飛；

Ⅴ.所有的鳥都會飛。

A.僅Ⅱ。

B.僅Ⅲ。

C.僅Ⅱ和Ⅲ。

D.僅Ⅰ、Ⅱ、Ⅲ。

E.Ⅰ、Ⅱ、Ⅲ、Ⅳ、Ⅴ。

── 解　析 ──

從題幹加上問題部分的補充前提後，所能推出的結論是「有些鳥不會飛」（O），根據A、E、I、O之間的相對關係，它能夠確定選項Ⅰ（並非A）、Ⅳ（O）為真，Ⅴ（A）為假，但不能確定Ⅱ（I）和Ⅲ（E）的真假。因此，正確的選項是C。

‖ 例 3 ‖

在某次稅務檢查後，四個工商管理人員有如下結論：

甲：所有個體戶都沒有納稅。

乙：服裝個體戶陳老板沒有納稅。

丙：個體戶不都沒有納稅。

丁：有的個體戶沒納稅。

如果四個人中只有一個人斷定屬實，則以下哪項是真的？

A.甲斷定屬實，陳老板沒有納稅。

B.丙斷定屬實，陳老板納了稅。

C.丙斷定屬實，但陳老板沒納稅。

D.丁斷定屬實，陳老板未納稅。

E.丁斷定屬實，但陳老板納了稅。

解 析

丙的話等於是說「有的個體戶納了稅」，這句話與甲的話是矛盾關係，既然四句話中只有一句是真的，根據排中律，真話必在這兩句之間，乙和丁的話都是假的。由乙的話假，可知陳老板納了稅；由丁的話假，根據矛盾關係，可以知道「所有個體戶都納了稅」真，因而甲的話假，丙的話真。於是，正確的選項是 B。

4.1.3 直言命題中詞項的周延性

在直言命題中，如果斷定了一詞項的全部外延，則稱它是周延的，否則就是不周延的。因此，只有在直言命題中出現的詞項，才有周延與否的問題；並且，詞項是否周延，只取決於某個直言命題對其外延的斷定，也就是取決於該命題本身的形式。

關於詞項周延性，有如下結論：

(1)全稱命題的主項都是周延的；

(2)特稱命題的主項都是不周延的；

(3)肯定命題的謂項都是不周延的；

(4)否定命題的謂項都是周延的。

把這四條結論應用於 A、E、I、0 四種命題之上，得到下表：

命題類型	主項	謂項
SAP	周延	不周延
SEP	周延	周延
SIP	不周延	不周延
SOP	不周延	周延

　　周延問題在處理整個直言命題推理時是非常重要的。演繹推理是一種必然性推理，它的結論是從前提中抽引出來的，因而結論所斷定的不能超出前提所斷定的。這一點在直言命題推理中的表現，就是要求「在前提中不周延的詞項在結論中不得周延」，否則推理的有效性就得不到保證，會犯各種邏輯錯誤。例如，從「所有的人都是動物」就得不出「所有的動物都是人」，因為在前一命題中，「動物」是肯定命題的謂項，不周延；而在結論中它是全稱命題的主項，是周延的，所以不能從前一命題推出後一命題。

4.2　從單個前提出發：直接推理

　　直接推理是從一個直言命題出發，推出一個直言命題結論的推理。有以下類型：

4.2.1　對當關係推理

　　根據如前所述的直言命題之間的對當關係所進行的推理，叫做「對當關係推理」。有以下有效的推理形式：

(1) SAP→¬ SEP

例如，從「所有的人都享有基本人權」，可以推出「並非所有的

人都不享有基本人權」。

(2) SEP→¬ SAP

例如，從「人不能兩次踏進同一條河流」，可以推出「並非人能夠兩次踏進同一條河流」。

(3) SAP→SIP

例如，從「所有偶數都是能被 2 整除的」，可以推出「有些偶數是能夠被 2 整除的」。

(4) SEP→SOP

例如，從「無物常駐」，可以推出「有物不常駐」。

(5)¬ SIP →¬ SAP

例如，從「並非有些未滿 18 歲的青少年有投票權」，可以推出「並非所有未滿 18 歲的青少年都有投票權」。

(6)¬ SOP →¬ SEP

例如，從「並非有些花朵不是美麗的」，可以推出「並非所有花朵都不是美麗的」。

(7) SAP→¬ SOP

例如，從「所有人都有保護環境的義務」，可以推出「並非有些人沒有保護環境的義務」。

(8) SEP→¬ SIP

例如，從「所有真理都不是口袋中現存的鑄幣」，可以推出「並非有些真理是口袋中現存的鑄幣」。

(9) SIP→￢SEP

例如，從「在我們國家，有些官員是貪污腐敗分子」，可以推出「在我們國家，並非所有的官員都不是貪污腐敗分子」。

(10) SOP→￢SAP

例如，從「有的克里特島人不說謊」，可以推出「並非所有的克里特島人都說謊」。

(11) ￢SAP→SOP

例如，從「並非所有的公民都偷稅漏稅」，可以推出「有的公民不偷稅漏稅」。

(12) ￢SEP→SIP

例如，從「並非所有國家都沒有發生瘋牛病」，可以推出「有些國家發生了瘋牛病」。

(13) ￢SIP→SEP

例如，從「並非有的中國人是諾貝爾科學獎獲得者」，可以推出「所有中國人都不是諾貝爾科學獎獲得者」。

(14) ￢SOP→SAP

例如，從「並非有些單身漢不是未結婚的男人」，可以推出「所有單身漢都是未結婚的男人」。

(15) ￢SIP↔SOP

例如，從「並非我們單位有些電腦遭遇了駭客攻擊」，可以推出「我們單位的有些電腦沒有遭遇駭客攻擊」。

(16)¬ SOP→SIP

例如，從「並非有些金屬不是導電體」，可以推出「有些金屬是導電體」。

 4.2.2 換質法

將一個直言命題由肯定變為否定，或者由否定變為肯定，並且將其謂項變成其矛盾概念，由此得到一個與原直言命題等值的直言命題，這就是換質法。有以下形式：

(1) SAP↔SEP̄

例如，從「所有低科技產品都是沒有高附加價值的」，經過換質，可以得到「所有低科技產品都不是有高附加價值的」。

(2) SEP↔SAP̄

例如，從「所有兒童都不是科學家」，經過換質，可以得到「所有兒童都是非科學家」。

(3) SIP↔SOP̄

例如，從「有些天鵝是黑色的」，經過換質，可以得到「有些天鵝不是非黑色的」。

(4) SOP↔SIP̄

例如，從「有些青年人不是大學生」，經過換質，可以得到「有些大學生是非青年」。

4.2.3　換位法

將一個直言命題的主項和謂項互換位置，但將直言命題的質保持不變。即原為肯定仍為肯定，原為否定仍為否定，由此得到一個新的直言命題，這就是換位法。它必須遵守下述規則：在前提中不周延的詞項在結論中不得周延。有以下有效形式：

(1) SAP→PIS

例如，從「所有的植物都是需要陽光的」，可以推出「有些需要陽光的東西是植物」，但不能推出「所有需要陽光的東西都是植物」，因為在後一個命題中，主項「需要陽光的東西」周延，而它在前提中是不周延的，違反換位規則，無效。

(2) SEP→PES

例如，從「所有唯物論者都不是有神論者」，可以推出「所有有神論者都不是唯物論者」。

(3) SIP→PIS

例如，從「有些高科技產品創造了巨大的經濟效益」，可以推出「有些創造了巨大經濟效益的產品是高科技產品」。

(4) SOP 不能換位

因為若SOP換位為POS，S就由不周延變為周延了，違反了換位規則，也就有可能由真命題得到假命題。例如，從真命題「有些人不是大學生」，若換位就會得到假命題「有些大學生不是人」。

4.2.4 換質位法

對一個直言命題先換質，再換位，由此得到一個新的直言命題，這就是換質位法。有以下有效形式：

(1) SAP→SE$\overline{P}$→$\overline{P}$ES

例如，從「未經過反省的人生都是沒有價值的」，先換質，得到「未經反省的人生都不是有價值的」，再換位，得到「有價值的人生都不是未經反省的」。

(2) SEP→SA$\overline{P}$→$\overline{P}$IS

例如，從「不想當元帥的士兵不是好士兵」，先換質，得到「不想當元帥的士兵都是不好的士兵」，再換位，得到「有些不好的士兵是不想當元帥的士兵」。

(3) SIP 不能換質位

因為換質後得到 SO$\overline{P}$，而 SO$\overline{P}$ 不能換位。

(4) SOP→SI$\overline{P}$→ $\overline{P}$IS

例如：從「有些科學家不是受過正規高等教育的」，先換質，得到「有些科學家是未受過正規高等教育的」，再換位，得到「有些未受過正規高等教育的人是科學家」。

實際上，換質法和換位法可以結合進行，只要在換質、換位時遵守相應的規則即可。可以先換質，再換位，再換質，再換位，……。例如：從「凡有煙處必有火」，經過連續的換質位，可以得到「凡無火處必無煙」。也可以先換位，再換質，再換位，再換質……。例如，從「所有植物都含有葉綠素」，先換位，得到「有些含有葉綠素的東

西是植物」，再換質，得到「有些含有葉綠素的東西不是非植物」。

‖ 例 4 ‖

北京大學的學生都是嚴格選拔出來的。其中，有些學生是共產黨員，但所有學生都不是民主黨派的成員；有些學生學理科，有些學生學文科；很多學生愛好文學；有些學生今後將成為傑出人士。

以下命題都能夠從前提推出，除了：

A.並非所有北大學生都不是共產黨員。

B.有些非民主黨派成員不是非北大學生。

C.並非所有學文科的都是非北大學生。

D.有些今後不會成為傑出人士的人不是北大學生。

E.有些北大學生是非民主黨派成員。

解　析

選項 A 可以根據對當關係推理，從「有些北大學生是共產黨員」推出來：選項 B 可以通過連續的換質位，從「所有北大學生都不是民主黨派的成員」推出來；從「有些北大學生學文科」出發，通過連續的換位質，可以推出「有些學文科的不是非北大學生」，再根據對當關係，可以推出選項 C；從「所有北大學生都不是民主黨派的成員」出發，先換質，再根據對當關係推理，可以推出選項 E。從「有些北大學生今後將成為傑出人士」出發，經過換質，可以推出「有些北大學生不是今後不會成為傑出人士的人」，而後者不能再換位為選項 D。所以，正確答案是 D。

4.3　從兩個前提出發：三段論

4.3.1　三段論的定義和結構

三段論是由一個共同詞項把作為前提的兩個直言命題連接起來，得出一個新的直言命題作為結論的推理。

-------- ‖ 例 5 ‖ --------

所有科學都以追求真理為目標。

各門社會科學都是科學。

所以，各門社會科學也追求真理為目標。

就是一個三段論。

顧名思義，三段論由三個直言命題構成。其中兩個是前提，一個是結論。結論的主項是小項（用S表示，即主概念），含有小項的前項是小前提；結論的謂項是大項（用P表示，即賓概念），含有大項的前提是大前提；兩個前提共有的詞項叫做中項（用 M 表示，即中概念）。在例5中，「社會科學」是小項，「以追求真理為目標」是大項，「科學」是中項。相應地，「所有科學都以追求真理為目標」是大前提，「各門社會科學都是科學」是小前提，「各門社會科學也追求真理為目標」是結論。

根據中項在前提中的不同位置，三段論分為四個不同的格（figure），可分別表示如下：

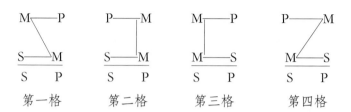

根據組成三段論的三個直言命題的質與量，三段論有不同的式（mode）。在例 5 的三段論中，大前提是 A 命題，小前提也是 A 命題，結論還是 A 命題，因此該三段論是 AAA 式。再如，「所有的人都是會死的，蘇格拉底是人，所以，蘇格拉底是會死的。」這個三段論也是 AAA 式。因為在三段論中，單稱命題可以作為同質的全稱命題的特例來處理，例如把單稱肯定命題當做全稱肯定命題的特例，把單稱否定命題當做全稱否定命題的特例，這不會產生任何問題，也不會使任何三段論無效。

還需要指出的是，日常思維中所表述的三段論常常是不那麼標準的。往往需要做一些調整工作，其方法是：(1)區分結論和大、小前提；(2)按大前提、小前提、結論的順序，調整三段論中三個直言命題的位置；(3)確定大、小前提和結論的命題類型，並寫出它們的標準形式。

------‖ 例 6 ‖------

所有的肝部炎症都有傳染性，有些消化系統疾病沒有傳染性。所以，有些消化系統疾病不是肝部炎症。

── 解　析 ──

這個三段論的小項 S 是「消化系統疾病」，大項 P 是「肝部炎症」，中項 M 是「有傳染性」。它的形式結構是：

所有 P 都是 M

有些 S 不是 M

────────────

所以，有些 S 不是 P

‖ 例 7 ‖

在作案現場的不都是作案者。因為有些在作案現場的沒有作案動機，而作案者都有作案動機。

解 析

這個三段論的結論是「在作案現場的不都是作案者」，化為標準形式，即「有些在作案現場的（人）不是作案者」，其中「在作案現場的（人）」是小項 S，「作案者」是大項 P，「有作案動機（的人）」是中項 M。相應地，「有些在作案現場的（人）沒有作案動機」是小前提，「作案者都有作案動機」是大前提。經這樣整理後，它的形式結構是：

所有 P 都是 M

有些 S 不是 M

所以，有些 S 不是 P

明顯可以看出，例 6 和例 7 具有相同的結構，它們都是第二格的三段論。

既然組成三段論的都是直言命題，就可以用歐拉圖去表示這三個直言命題中詞項的相互關係，實際上也就是大項 P、中項 M 和小項 S 之間的外延關係。以例 6 為例，該三段論可以表示為：

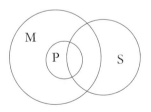

如果使三段論的兩個前提為真的，歐拉圖也一定使該三段論的結論為真，則這個三段論就是有效的 ；反之，如果使三段論的兩個前提為真的，歐拉圖有可能使該三段論的結論為假，則它的結論就不是

必然得出的，該三段論因此也是無效的。正是在這種意義上，可以說歐拉圖為判定三段論是否有效提供了一種工具或方法。

4.3.2 三段論的一般規則

一個三段論要成為有效推理，就必須遵守一般規則。其一般規則有：

規則1　在一個三段論中，有而且只能有三個不同的項（概念）

實際上，這條規則是三段論定義中的應有之義。如前所述，三段論由三個直言命題組成，每個直言命題含有兩個詞項，因而共有六個詞項。但由於結論的主項和小前提的一個詞項相同，結論的謂項與大前提的一個詞項相同，兩個前提中還有一個共同的中項，因而不同的詞項只能有三個。三段論實際上是通過前提所表明的中項（M）與大項（P）和小項（S）的關係，推導出結論中小項與大項之間的關係。若沒有中項，就推不出任何結論來。正是在這個意義上，我們說中項是連接大項和小項的橋樑或媒介。

違反這條規則的常見情形是：在大、小前提中作為中項的語詞看起來是同一個，但卻表達著兩個不同的概念，因而這個三段論事實上含有四個不同的詞項，嚴格說來就沒有中項，也就沒有連接大項和小項的橋樑和媒介，結論的得出就不是必然的。這種錯誤叫做「四詞項錯誤」，或稱「四概念錯誤」。

‖ 例 8 ‖

中國人是勤勞勇敢的，

懶漢豬八戒是中國人，

所以，懶漢豬八戒是勤勞勇敢的。

在這個推理前提中，作為中項的「中國人」，在大前提中是指作為一個民族的中國人，而在小前提中是一個一個中國人。所以，它在兩個前提中實際上表達了兩個不同的概念，因而不能起橋樑或媒介作用，不能必然地推導出結論。這個三段論犯了「四詞項錯誤」。

 規則2　中項在前提中至少要周延一次

如前所述，三段論是憑藉中項在前提中的橋樑、媒介作用得出結論的，即大項、小項至少有一個與中項的全部發生關係，另一個與中項的部分或者全部發生關係，這樣就能保證大、小項之間有某種關係。否則，大、小項都只與中項的一部分發生關係，這樣就有可能大項與中項的這個部分發生關係，而小項則與中項的另一個部分發生關係，結果是大項和小項之間沒有關係，得不出必然的結論來。違反這條規則所犯的邏輯錯誤稱為「中項兩次不周延」。

例9

有些自然物品具有審美價值，所有的藝術品都有審美價值。因此，有些自然物品也是藝術品。

以下哪個推理與題幹中的推理在結構以及所犯的邏輯錯誤上最為類似？

A. 有些有神論者是佛教徒，所有的基督徒都不是佛教徒。因此，有些神論者不是基督教徒。

B. 某些牙科醫生喜歡烹飪。李進是牙科醫生。因此，李進喜歡烹飪。

C. 有些南方人愛吃辣椒，所有的南方人都習慣吃大米，因此，有些習慣吃大米的人愛吃辣椒。

D. 有些進口貨是假貨，所有國內組裝的APR空調機的半成品都是進口貨。因此，有些APR空調機半成品是假貨。

E. 有些研究生也擁有了私人汽車，所有的大款都有私人汽車。因此，有些研究生也是大款。

─ 解　析 ─

正確答案是 E。因為題幹和選項 E 都是三段論第二格，其中的中項(「具有審美價值」，「擁有私人汽車」)都是肯定命題的謂項，因而都不周延，違反規則，不能必然地得出結論。用歐拉圖來表示，使前提為真的歐拉圖有可能使結論為假。例如：

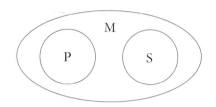

 規則 3　在前提中不周延的項，在結論中不得周延

這一規則的理由在前面討論周延性問題時已經解釋過了。違反這條規則所犯的邏輯錯誤是「周延不當」，具體有「小項周延不當」和「大項周延不當」兩種表現形式。

‖ 例 10 ‖

魯迅在〈論辯的魂靈〉一文中，這樣揭露了頑固派的詭辯手法：「你說甲生瘡，甲是中國人，就是說中國人生瘡了。既然中國人生瘡，你是中國人，就是你也生瘡了。你既然也生瘡，你就和甲一樣。而你只說甲生瘡，不說你自己，你的話還有什麼價值？！」

─ 解　析 ─

在詭辯派的論辯中，有兩個三段論，一個是：「甲生瘡，甲是中國人，所以，（所有）中國人生瘡。」這裡，小項「中國人」在前提中不周延，但在結論中周延了，犯了「小項不當周延」的錯誤。如果

詭辯派狡辯說：我並沒有說「所有中國人生瘡」，那麼他所說的是「有些中國人生瘡」，上面這個三段論就是正確的。但我們接著看第二個三段論：「（有些）中國人生瘡，你是中國人，所以，你也生瘡。」在這個三段論中，中項「中國人」一次也不周延，犯了「中項不周延」的錯誤。總之，從「你說甲生瘡」，無論如何也推不出「你也生瘡」的結論。詭辯派的整個推論是不合邏輯的。

|| 例 11 ||

所有想出國的人都要好好學外語，

我又不想出國，

所以，我不必好好學外語。

在這個三段論推理中，大前提是一個肯定命題，因而大項「要好好學外語」在大前提中不周延。但結論是一個否定命題，大項「要好好學外語」在結論中周延。這個三段論犯了「大項不當周延」的邏輯錯誤，無效。

應當注意的是，規則(3)只是說在前提中不周延的項在結論中不得周延，並沒有說在前提中周延的項在結論中也必須周延。既然對前提中周延的項沒有提出要求，這就意味著：在前提中周延的項，在結論中可以周延，也可以不周延。這兩種情形在邏輯上都是允許的，不會導致任何邏輯錯誤。

 規則 4　從兩個否定前提推不出任何確定的結論

如果兩個前提都是否定的，這就意味著大項和小項都至少與中項的部分或者全部不相交，這樣就不能保證大項和小項由於與中項的同一個部分相交而彼此之間發生關係，中項起不到連接大、小項的橋樑作用，大項和小項本身就可能處於各種各樣的關係之中，從而得不出確定的結論。

‖ 例 12 ‖

所有的基本粒子都不是肉眼能夠看見的，

所有的昆蟲都不是基本粒子，

所有的昆蟲？

這個三段論得不出任何確定的結論。

> 規則 5　(i)如果兩個前提中有一個是否定的，那麼結論是否定的；
>
> (ii)如果結論是否定的，那麼必有一個前提是否定的。

　　關於(i)，如果兩個前提中有一個是否定的，根據規則 4，另一個前提必須是肯定的，這就意味著：大項和小項中有一個與中項發生肯定性的聯繫，另一個與中項發生否定性的聯繫。於是，與中項發生肯定性聯繫的那一部分和與中項發生否定性聯繫的那一部分之間的聯繫，必定是否定性的，所以結論必須是否定的。

　　關於(ii)，既然結論是否定的，大項和小項之間發生否定性聯繫，並且這種聯繫是通過中項的媒介作用建立起來的，因此這兩個詞項中必定有一個與中項發生肯定性關聯，另一個與中項發生否定性關聯。所以，前提必定有一個是否定的。

　　以上五條三段論法規則是基本的，並且用它們就足以把有效的三段論與無效的三段論區分開來。但為了明確和方便起見，有時還從它們證明、推導出一些規則，例如：

規則 6　兩個特稱前提不能得出結論

 規則 7　前提中有一個特稱，結論必然特稱

 ### 4.3.3　三段論的省略形式

在日常思維中，常常使用三段論的下述三種省略形式：(1)省略大前提，例如有人在談到柯林頓的誹聞時說：「柯林頓也是人，他也有七情六欲嘛。」他說的這兩句話之間實際上有推理關係，而這種推理關係的建立需要補充另外一個大前提：「所有的人都有七情六欲。」(2)省略小前提，例如「大學生的主要任務是學習而不是賺錢，所以你目前的主要任務也是如此，不要本末倒置啊！」這裡一眼就可看出，省略的前提是「你是一名大學生」。(3)省略結論，例如毛澤東說：「我們的事業是正義的，而正義的事業是不可戰勝的。」顯然，這裡省略的是結論：「我們的事業是不可戰勝的。」從修辭上說，把這個結論省略之後，使那兩句話聽起來餘音繚繞，很有韻味。

但三段論的省略形式會出現下述問題，如被省略的前提實際上是不成立的，或者所使用的推理形式是無效的。在這兩種情形下，結論都沒有得到強有力的支持。因此，有時需要把省略三段論補充為完整的三段論，然後看其前提真不真，推理過程是否有效，做這種補充的程序和方法是：(1)查看省略的究竟是什麼，是前提還是結論？通過考慮兩個命題之間是並列關係還是推出關係，可以弄清楚這一點。(2)如果省略的是前提，確定省略的是大前提還是小前提：含結論主項的是小前提，含結論謂項的是大前提。(3)如果省略的是大前提，把結論的謂項（大項）與中項相連接，得到大前提；如果省略的小前提，則把結論的主項（小項）與中項相連接，得到小前提。(4)如果省略的是結論，把小項與大項相連接，得到結論。在做了所有這些工作之後，再

來看被省略的前提是否真實，推理過程是否正確。

------------‖ **例** 13 ‖------------

有些導演留大鬍子，因此，有些留大鬍子的人是大嗓門。

為使上述推理成立，必須補充以下哪項作為前提？

A.有些導演是大嗓門。

B.所有大嗓門的人都是導演。

C.所有導演都是大嗓門。

D.有些大嗓門的不是導演。

E.有些導演不是大嗓門。

解　析

如果補充 A 或 D 或 E 到題幹，所構成的三段論的兩個前提都是特稱的，根據規則 6，都推不出結論；如果補充 B 到題幹，所構成的三段論犯了「中項兩次不周延」的錯誤，而如果補充 C 到題幹，得到的三段論是：

所有導演都是大嗓門。

有些導演留大鬍子。

所以，有些留大鬍子的是大嗓門。

這是有效三段論。所以，正確的答案是 C。

4.3.4　三段論知識的綜合應用

------------‖ **例** 14 ‖------------

凡物質都是可塑的，樹木是可塑的，所以樹木是物質。

以下哪個推理的結構與上述最為相近？

A.凡真理都是經過實踐檢驗的，進化論是真理，所以進化論是經過實踐檢驗的。

B.凡恆星是自身發光的，金星不是恆星，所以金星自身不發光。

C.凡公民必須遵守法律，我們是公民，所以我們必須遵守法律。

D.所有的壞人都攻擊我，你攻擊我，所以你是壞人。

E.凡鯨一定用肺呼吸，海豹可能是鯨，所以海豹可能用肺呼吸。

解　析

題幹的結構是：

所有 P 都是 M

所有 S 是 M

所以，所有 S 都是 P

選項 A 的結構是：所有 M 是 P，所有 S 是 M，所以，所有 S 是 P；B 的結構是：所有 M 都是 P，所有 S 都不是 M；所以，所有 S 都不是 P；C 的結構是：所有 M 都是 P，所有 S 都是 M，所以，所有 S 都是 P；E 的結構是：所有 M 都是 P，所有 S 可能是 M，所以，所有 S 可能是 P；顯然它們都與題幹的結構不相同，在諸選項中只有 D 與題幹有相同的結構，因為在三段論中單稱命題作全稱處理，於是在 D 中，「你攻擊我」的形式是「所有 S 是 M。」所以，正確答案是 D。

‖ 例 15 ‖

王晶：李軍是優秀運動員，所以，他有資格進入名人俱樂部。

張華：不過李軍吸煙，他不是年輕人的好榜樣，因此李軍不應被名人俱樂部接納。

張華的論證使用了以下哪項作為前提？

I 有些優秀運動員吸煙。

II 所有吸煙者都不是年輕人的好榜樣。

III 所有被名人俱樂部接納的都是年輕人的好榜樣。

A.僅 I。

B.僅 II。

C.僅 III。

D.僅 II 和 III。

E.I、II 和 III。

── 解 析 ──

　　張華的論證包括兩個推理：一個推理是從「李軍吸煙」，推出「李軍不是年輕人的好榜樣」，這裡若補充選項II作為前提，能構成一個有效的三段論；另一個推理是從「李軍不是年輕人的好榜樣」推出「李軍不應被名人俱樂部接納」，這裡若補充選項 III 作為前提，能構成一個有效的三段論。張華的論證顯然不需要假設選項 I 作為前提。所以，正確的答案是 D。

‖ 例 16 ‖

以下兩題基於下述共同的題幹：

　　所有安徽來京打工人員，都辦理了暫住證；所有辦理了暫住證的人員，都獲得了就業許可證；有些安徽來京打工人員當上了門衛；有些業餘武術學校的學員也當上了門衛；所有的業餘武術學校的學員都未獲得就業許可證。

　　⑴如果上述斷定都是真的，則除了以下哪項，其餘的斷定也必定是真的？

　　　A.所有安徽來京打工人員都獲得了就業許可證。

　　　B.沒有一個業餘武術學校的學員辦理了暫住證。

　　　C.有些安徽來京打工人員是業餘武術學校學員。

　　　D.有些門衛沒有就業許可證。

　　　E.有些門衛有就業許可證。

─── 解　析 ───

　　解答這道題所需要使用的就是三段論。由題幹中前面兩句話，使用三段論可以推出「所有安徽來京打工人員都獲得了就業許可證」（選項 A）；由 A 和題幹最後一句話可推出「所有的業餘武術學校的學員都不是安徽來京打工人員」，因此不可能有安徽來京打工人員是業餘武術學校的學員。選項 C 必定是假的。選項 B、D、E 可從題幹給定的條件或這些條件推論中推出。所以，正確答案是 C。

(2)以下哪個的身份，不可能符合上述題幹所作的斷定？

　　A.一個獲得了就業許可證的人，但並非是業餘武術學校的學員。

　　B.一個獲得了就業許可證的人，但沒有辦理暫住證。

　　C.一個辦理了暫住證的人，但並非是安徽來京打工人員。

　　D.一個辦理了暫住證的業餘武術學校的學員

　　E.一個門衛，他既沒有辦理暫住證，又不是業餘武術學校的學員

─── 解　析 ───

　　可以從題幹中推出存在著使選項 A 為真的人，例如一個安徽來京打工人員。選項 B、C、E 都與題幹相容，但選項 D 與題幹不相容，因為由題幹通過三段論可推出：所有辦理了暫住證的人員都獲得了就業許可證；所有業餘武術學校的學員都未獲得就業許可證。因此，不可能有業餘武術學校的學員辦理了暫住證。所以，正確答案是 D。

第五章

織女愛每一個愛牛郎的人？

——謂詞邏輯

　　歷史常常是由一些異想天開的人士推動的。德國哲學家、數學家、邏輯學家萊布尼茲（G. W. Leibniz，西元 1646-1716 年）就是這樣的一位異想天開的人士。他的腦袋裡總是裝滿了各種新奇的想法，也經常被這些想法弄得疲於奔命，這既使得他無法特別專心地去做某一件事，也使得他在許多領域內都有所建樹。例如，他提出了可能世界概念和充足理由律，並把後者和矛盾律視為人類理性的兩大基礎。他是微積分的發明人之一，曾為微積分的發明權與牛頓進行過激烈的論戰。據說他從中國的陰陽八卦中獲得啟發，提出二進制計算法，並創制了一臺手搖的二進制計算機。更重要的是，他提出了創立數理邏輯的理想，即通過發明一套普遍語言和普遍數學，把所有推理化歸於計算，最後使推理的錯誤成為計算的錯誤，以致當兩位哲學家發生爭論時，他們面面相覷之後互相說：「我們還是別爭了，讓我們坐下來，拿起紙和筆，算一算誰對誰錯吧。」但他在這方面的工作時斷時續，自己也似乎從未對它們感到滿意過，所以這些工作的結果他當時都沒有發表。現在看來，限制他取得成功的原因主要是兩個：一是他執著於對語句作主謂式分析，複合命題不在他的視野之內；二是他拘泥於內涵觀點，即把句子主謂項的關係理解為一種內涵關係，而不是外延關係。不過他所提出的理想卻激勵一代一代後來者前仆後繼地為之奮鬥。經過德摩根（A. de Morgan，西元 1806-1871 年）、布爾（G. Boole，西元 1815-1864 年）、弗雷格（G. Frege，西元 1848-1925 年）、皮亞諾（G. Peano，西元 1858-1932 年）、羅素（B. Russell，西元 1872-1970 年）、和懷德海（A. Whitehead，西元 1861-1947 年）等好幾代邏輯學家的不懈努力，直至 1928 年，希爾伯特（D. Hilbert，西元 1862-1943 年）和阿克曼（W. Akermann，西元 1896-1962 年）證明一階謂詞演算的一致性；1930 年，哥德爾（K. Godel，西元 1906-1978 年）證明一階謂詞演算的完全性，萊布尼茲的理想才算部分地實現，數理邏輯才算真正創立了。

　　「數理邏輯」是一個很大的概念，這裡不打算詳細討論它的範圍

和特徵，只指出一點：數理邏輯的基礎部分是命題邏輯和謂詞邏輯。前面的第四章討論命題邏輯，本章則討論謂詞邏輯。

 ## 5.1 對於新的命題分析方法的需要

命題邏輯刻畫複合命題的邏輯性質及推理關係，詞項邏輯刻畫直言命題的邏輯性質及其推理關係。它們各自都有很強的處理推理的能力，能夠判別相應範圍的推理究竟是有效的還是無效的。不過，它們各自都有自己的侷限性。這裡講兩點：

第一，它們都不能處理關係命題及其推理。

請看下面的推理：

(1) 2 小於 3，3 小於 4，所以，2 小於 4。

(2)有的投票人贊成所有的候選人。所以，所有的候選人都有人贊成。

這裡，(1)是一個最普通的關係推理，因為小於關係是傳遞的，因此，從「2<3」和「3<4」，明顯可以推出「2<4」。但是，由於命題邏輯不分析簡單命題的內容結構，它就只能把(1)分析為：p，q，所以r，即從任意兩個命題推出任意的第三個命題。這樣的推理當然不會是有效的。按詞項邏輯的方法，(1)只能分析為：

> (1')　2 是小於 3 的
>
> 　　　3 是小於 4 的，
> _____
>
> 　　所以，2 是小於 4 的。

但是，作為直言命題，「2 是小於 3 的」的主項是「2」，謂項是「小於 3 的」；「3 是小於 4 的」的主項是「3」，謂項是「小於 4 的」。也就是說這兩個命題沒有相同的主項和謂項，相互之間建立

不起任何推理關係，因而也就得不出任何結論。

　　同樣，按命題邏輯的處理的方法(2)只能分析為：p，所以 q，即從任意一個命題推出另外一個任意的命題。這樣的推理當然不會是有效的。按詞項邏輯的方法，(2)只能分析為：

　　(2')有的投票人是贊成所有的候選人的，所以，所有的候選人都是有人贊成的。

　　其中，前提的主項是「投票人」，謂項是「贊成所有的候選人的」；結論的主項是「候選人」，謂項是「有人贊成的」。前提和結論的主項、謂項完全不相同，根本建立不起任何推理關係。

　　之所以如此，是因為(1)和(2)都是關係推理，其中的關係是個體與個體之間的關係，命題邏輯因為不分析命題的內部結構，無法處理個體之間的關係；詞項邏輯對命題作主謂式分析，因而只能處理（某個數量的)對象是否具有某種性質的問題，同樣也不能處理個體之間的關係。關係命題及其推理在命題邏輯和詞項邏輯的視野之外。

　　第二，它們都不能處理量詞內部含聯結詞結構的命題及其推理。

　　請看下面的推理：

　　(3)任一自然數，如果它能夠被 2 整除，則它是偶數；如果它不能被 2 整除，則它不是偶數。有的自然數不能被 2 整除，所以，有的自然數不是偶數。

　　根據直覺，這個推理是有效的。但是，由於命題邏輯不分析一個簡單命題的內部結構，因此，像「任一自然數，如果它能被 2 整除，則它是偶數；如果它不能被 2 整除，則它不是偶數」這樣一個量詞裡面含聯結詞結構的複雜命題。也只能處理為 P，後兩個命題只能分別處理為 q 和 r，整個推理處理為：p，q，所以 r。這樣的推理形式不可能是有效的。對於「任一自然數，如果它能夠被 2 整除，則它是偶數；如果它不能被 2 整除，則它不是偶數。」這樣的複雜命題，詞項邏輯根本沒有辦法進行處理，因此無法判別(3)是不是一個有效推理。

　　因此，我們需要有另外的命題分析方法，以及由此種分析方法所

派生的另外的推理分析方法，去說明和刻畫人們的思維中常用的關係命題及其推理，以及量詞裡面含聯結詞結構的命題及其推理。謂詞邏輯將提供這種新的分析、說明工具。

 ## 5.2 個體詞、謂詞、量詞和公式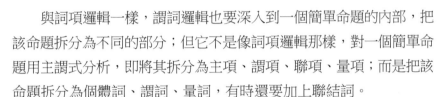

與詞項邏輯一樣，謂詞邏輯也要深入到一個簡單命題的內部，把該命題拆分為不同的部分；但它不是像詞項邏輯那樣，對一個簡單命題用主謂式分析，即將其拆分為主項、謂項、聯項、量項；而是把該命題拆分為個體詞、謂詞、量詞，有時還要加上聯結詞。

個體詞包括個體變項和個體常項。個體變項使用小寫字母 x，y，z……等等，它們表示某個特定的範圍內的某個不確定的對象。個體常項使用小寫字母 a，b，c……等等，它們表示某個特定範圍的某個確定的對象。這裡所說的「某個特定的範圍」，用更專門的術語來說，叫做「論域」或「個體域」，即由一定對象所組成的類或者集合，論域規定了個體變項的取值範圍，因此也叫做個體變項的「值域」。論域一般是「全域」，即由世界上所有能夠被思考、被談論的事物組成的集合。在有特殊需要時，論域也可以不是全域，而是滿足一定條件的事物構成的集合，例如「人的集合」，「自然數集合」。在論域給定之後，個體常項指稱論域中某個特定的對象，隨論域的不同，這些對象可以是 2，3，黃河，黃山，蔣介石；個體變項 x，y，z 則表示論域中某個不確定的個體，隨論域的不同，它們的值也有所不同。例如，如果論域是全域，個體變項 x 就表示某個事物；如果論域表示「人的集合」，則個體變項 x 就表示某個人；如果論域是「自然數集合」則個體變項 x 就表示某個自然數。

謂詞符號使用大寫字母 F，G，R，S…等等，經過解釋之後，它們表示論域中個體的性質和個體之間的關係。一個謂詞符號後面跟有

寫在一對括號內的、用逗號隔開的、適當數目的個體詞，就形成最基本的公式，叫做「原子公式」，例如 F(x)，G(a)，R(x, y)，S(x, a, y)。一個謂詞符號後面跟有一個個體詞，則它是一個一元謂詞符號。一元謂詞符號經過解釋之後，表示論域中個體的性質。如果一個謂詞符號後面跟有兩個個體詞，則它是一個二元謂詞符號。依此類推，後面跟有 n 個個體詞的謂詞符號，就是 n 元謂詞符號。二元以上的謂詞符號，經過解釋之後，表示論域中個體之間的關係。例如，若以自然數為論域，令 a 為自然數 5，R 表示「小於」，S 表示「…—…＝…」，那麼，R(x, y) 是說「x 小於 y」，S(x, a, y) 是說「x-5=y」。

　　量詞包括全稱量詞∀和存在量詞∃，它們可以加在如上所述的原子公式前面，形成所謂的「量化公式」例如：

　　　　∀xF(x)，讀做「對於所有 x，x 是 F。」
　　　　∃xF(x)，讀做「存在 x 使得 x 是 F。」

　　原子公式和量化公式還可以用命題聯結詞連接起來，形成更複雜的公式，例如；

　　　　∀x(F(x)→G(x))
　　　　∃x∀y(F(x)∧R(x, y))
　　　　S(x, a, y)→∀x(¬ F(x)↔S(x, a, y))。

　　至此，我們可以把上面所說的東西總結一下，包括兩部分：謂詞邏輯的符號，以及由這些符號所形成的公式：

　(Ⅰ)謂詞邏輯的符號

　(i)個體變項：x，y，z……

　(ii)個體常項：a，b，c……

　(iii)謂詞符號：F，G，R，S……

(iv)量詞：全稱量詞∀，存在量詞∃

(v)聯結詞：¬，∧，∨，→，↔

(vi)輔足性符號：逗號「，」左括號「（」，右括號「）」。

(Ⅱ)謂詞邏輯的公式

(i) 一個謂詞符號 F，後面跟有寫在一對括號內的、用逗號隔開的、適當的數目的個體變項 x，y，z 或個體常項 a，b，c 等，是原子公式。

(ii)如果 A 是公式，則 ¬ A 是公式。

(iii)如果 A 和 B 是公式，則 A∧B，A∨B，A→B，A↔B 是公式。

(iv)如果 A 是公式，則∀xA，∃xA 是公式。

(v)只有按以上方式形成的符號串是公式。

量詞有其管轄的範圍稱為「轄域」。一個量詞後面最短的公式，就是該量詞的轄域。例如，在∀x(F(x)→G(x))中，全稱量詞∀x的轄域是(F(x)→G(x))；在∃x∀y(F(x)∧R(x, y))中，存在量詞∃x 的轄域是∀y(F(x)∧R(x, y))，全稱量詞∀y的轄域是(F(x)∧R(x, y))，在公式S(x, a, y)→∀x(¬ F(x)↔S(x, a, y))中，全稱量詞∀x 的轄域是(¬ F(x)↔S(x, a, y))，S(x, a, y)不在它的轄域之內。

有必要區分「一個公式中所出現的變項」和「一個變項在一個公式中的出現」。例如，

$$\exists x(T(x) \wedge \forall y(H(y) \rightarrow Z(x, y)))$$

在上面這個公式中，總共出現了兩個不同的個體變項 x 和 y，但 x 出現了三次，y 也出現了三次。一個變項的某一次出現，如果處於量詞∀x 或∃x 的轄域之內，則稱該變項的這一次出現是「約束出現」，否則叫做「自由出現」。例如∀x(F(x)→G(x))中，x的出現都是約束出現；在∃x∀y(F(x)∧R(x, y))中，x 和 y 的出現也都是約束出現；但在 S(x, a, y)→∀x(¬ F(x)↔S(x, a, y))中，x 和 y 在 S(x, a, y)中的出現不

被任何量詞所約束，是自由出現；但在 $\forall x(\neg F(x) \leftrightarrow S(x, a, y))$ 中，x 是約束出現，y 是自由出現。一個變項，如果在一個公式中有約束出現，則稱它是「約束變項」；如果在一個公式中有自由出現，則稱它為「自由變項」。顯然，在一個公式中，一個體變項可以既是約束變項又是自由變項。

　　一個含有至少一個自由變項的公式，叫做「開公式」，例如 F(x)，$\exists xR(x, y)$。開公式的意義不確定，因而沒有確定的真假。一個不含任何自由變項的公式，叫做「閉公式」，例如 $G(a)$，$\exists x\forall yR(x, y)$。在給定論域之後，閉公式有確定的意義，因而也有確定的真假。

5.3　自然語言中量化命題的符號化

　　有了上面的符號工具之後，我們可以把自然語言中任意複雜的性質命題和關係命題符號化，變成謂詞邏輯中的公式。

5.3.1　直言命題的符號化

　　與詞項邏輯對直言命題作主謂分析不同，謂詞邏輯把直言命題形式上的主詞和謂詞都變成謂詞，另外找出了邏輯主詞，即個體變項 x，y，z 等。在不限定論域，即論域為全域時，六種直言命題分別可以如下方式符號化：

(1)全稱的直言命題應符號化為一個全稱蘊涵式

例如，SAP 應該符號化為：

　　$\forall x(S(x) \rightarrow P(x))$

讀作：「對於任一 x 而言，如果 x 是 S，則 x 是 P。」例如，令 SAP 為「所有北大學生都是聰明的」，並用 S 表示「北大學生」，用 P 表示：「聰明的」，則該句子符號化為相應的公式後，其意思是：「對於任一 x 而言，如果 x 是北大學生，則 x 是聰明的。」這正是「所有北大學生都是聰明的」原意。

類似地，SEP 應符號化為：

$$\forall x(S(x) \rightarrow \neg P(x))$$

讀作：「對於任一 x 而言，如果 x 是 S，則 x 不是 P。」例如，當把「所有的有神論者都不是馬克思主義者」符號化為相應的公式後，其意思是：「對於任一 x 而言，如果 x 是有神論者，則 x 不是馬克思主義者。」

注意，不能把 SAP 符號化為 $\forall x(S(x) \wedge P(x))$，因為當論域為全域時，此公式表示全域內的所有事物都是 S 並且都是 P。若把 S 和 P 分別理解為「北大學生」和「聰明的」，則此公式表示論域中所有的東西都是北大學生，並且都是聰明的。這是一個明顯為假的命題，顯然不是「所有北大學生都是聰明的」的原意。同樣的道理，也不能把 SEP 符號化為 $\forall x(S(x) \wedge \neg P(x))$。

 (2)特稱的直言命題應符號化為存在合取式

例如，SIP 應該符號化為：

$$\exists x(S(x) \wedge P(x))$$

讀作：「存在著這樣的 x，使得 x 是 S 並且 x 不是 P」。例如，當把「有的天鵝是白色的」變成相應的公式後，其意思是：「存在著這樣的 x，使得 x 是天鵝並且 x 是白色的。」這正是「有的天鵝是白

色的」原意。

類似地，SOP 應該符號化為：

$$\exists x(S(x) \land \neg P(x))$$

讀作：「存在著這樣的 x，使得 x 是 S 但 x 不是 P。」例如，當把「有的哺乳動物不是胎生的」變成相應的公式後，它的意思是：「存在著這樣的 x，使得 x 是哺乳動物，但 x 不是胎生的。」

注意，特稱命題不能符號化為存在蘊涵式。例如，SIP 不能符號為：

$$\exists x(S(x) \to P(x))$$

因為若可以這樣轉換的話，則有可能使明顯為假的句子成為真的。令 SIP 為「有些懶漢是勤勞的」，這是一個自相矛盾的命題，不可能為真。若令 S 表示「懶漢」，P 表示「勤勞的」，並且若該命題的謂詞邏輯公式是 $\exists x(S(x) \to P(x))$，後者邏輯等值於 $\exists x(\neg S(x) \lor P(x))$，而這個公式是說：「存在著這樣的 x，使得或者 x 不是懶漢，或者 x 是勤勞的。」這是一個真公式！因為全域中顯然有個體不是懶漢，也有個體是勤勞的。

 (3)單稱的直言命題應符號化為原子公式

例如，「《春江花月夜》是一支中國古代名曲」可以符號化為：

$$F(a)$$

讀作：「a 是 F」，這裡「a」代表《春江花月夜》，「F」代表「一支中國古代名曲」。

又如，「周作人不是一位具有民族氣節的人」可以符號為：

$$\neg F(a)$$

讀作：「a 不是 F」，這裡「a」代表周作人，「F」代表「一位具有民族氣節的人」。

有時候，我們是在一個特定的範圍內討論問題，例如數學家在建構自然數算術理論時，他所談論的都是自然數，這時他就沒有必要把論域設定為全域，而只需要把論域設定為「自然數集合」。人類學家在建構關於人的理論時，他所談論的都是人，這時他只需要把論域設定為「人的集合」。在這種情況下，個體變項就自動表示該特定論域中的某個不確定的對象，個體常項則表示該特定論域中的某個特定的對象，這樣，相應的符號公式就可以簡化。例如，當論域為「自然數集」時，

「所有的自然數都是整數」應符號化為 $\forall x S(x)$，這裡 S 代表「整數」；

「所有的自然數都不是負數」應符號化為 $\forall x \neg P(x)$，這裡 P 代表「負數」；

「有些自然數是奇數」應符號化為 $\exists x F(x)$，這裡 F 代表「奇數」；

「有些自然數不是偶數」應符號化為 $\exists x \neg G(x)$，這裡 G 代表「偶數」；

「3 是一個素數」應符號化為 H(a)，這裡 a 表示自然數 3，H 代表「素數」；

「133 不是一個能被 3 整除的數」應符號化為 $\neg H(b)$，這裡 b 表示自然數 133，H 代表「能被 3 整除的數」。

當論域限定為某個特定論域時，有關命題的謂詞邏輯公式要簡單得多。不過，這種情況不具有一般性，除非特別說明，我們一般不限定論域，一律取全域為論域。

5.3.2　關係命題的符號化

關係命題是斷定對象之間具有某種關係的命題。例如：

(1) E=mc^2

(2)約翰愛瑪麗。

(3)廊坊位於北京和天津之間。

都是關係命題。

關係命題包括三個要素：個體詞、關係謂詞和量詞。個體詞是表示具有某種關係的對象的語詞，如上面的例子中的「E」、「約翰」、「北京」等。關係謂詞是表示對象之間所具有的關係的語詞，如「＝」、「愛」、「在…和…之間」等。量詞表示具有某種關係的對象的數量和範圍，如「有些」和「所有」等。發生在兩個對象之間的關係叫做「二元關係」，依此類推，發生在n個對象之間的關係叫做「n元關係」。例如，在上面的例子中，「…＝…×…×…」是四元關係，「愛」是二元關係，「在…和…之間」是三元關係。上述三個命題可以分別符號化為：

(1')S(e, m, c, c)

(2')L(a, b)

(3') B(a, b, c)

顯然，個體變項和個體常項的次序在這裡是十分重要的，R(a, b)表示 a 與 b 有 R 關係，而 R(b, a) 則表示 b 與 a 有 R 關係，這兩者的不同常常就像「2<3」和「3<2」的不同一樣。

有些關係命題帶有量詞，例如：

(4)牛郎不愛有些愛織女的男人。

(5)織女愛每一個愛牛郎的人。

(6)有的投票人贊成所有的侯選人。

它們可以分別符號化為：

(4') $\exists x(M(x) \wedge L(x, a) \wedge \neg L(b, x))$

讀作：「存在這樣的 x，使得 x 是男人，並且 x 愛 a(織女)，但 b(牛郎)不愛 x。」

(5') $\forall x(P(x) \wedge L(x, b) \rightarrow L(a, x))$

讀作：「對於一 x 而言，如果 x 是人並且 x 愛 b(牛郎)，則 a(織女)愛 x。」

(6') $\exists x(T(x) \wedge \forall y(H(y) \rightarrow Z(x, y)))$

讀作：「存在這樣的 x，使得 x 是投票人，並且對於任一 y，若 y 是候選人，則 x 贊成 y。」

5.3.3 關係推理的符號化

任何一個推理都可以表示為一個前提蘊涵結論的蘊涵式，只要把它的前提合取起來作為該蘊涵式的前件，把結論作為該蘊涵式的後件。例如：

(1)所有的人都是有理性的，有些美國人是人，所以，有些美國人是有理性的。

使用謂詞邏輯的工具，可以把這個推理符號化為：

(1') $\forall x(M(x) \rightarrow R(x)) \wedge \exists x(A(x) \wedge M(x)) \rightarrow \exists x(A(x) \wedge R(x))$

所謂關係推理，就是以關係命題作前提和結論的推理。例如：

(2)有的投票人贊成所有的候選人，所以，所有的候選人都有人贊成。

(3)如果任何一條魚都比任何一條比它小的魚游得快，那麼，有一條最大的魚就有一條游得最快的魚。

使用謂詞邏輯的工具，可以把這兩個推理符號化為：

(2')∃x(T(x)∧∀y(H(y)→Z(x, y)))→∀y(H(y)→∃x(T(x)∧Z(x, y)))

(3')∀x∀y(F(x)∧F(y)∧D(x, y)→K(x, y))→(∃x(F(x)∧∀y(F(y)→D(x, y)))→∃x(F(x)∧∀y(F(y)→K(x, y))))

由此可見，謂詞邏輯的符號表達能力是足夠強的，它不僅能夠表達所有的性質命題，而且能夠表達所有的關係命題，以及性質命題與關係命題相結合的推理。當然，日常語言中的許多副詞如「必然」、「可能」、「應該」、「允許」等，有些動詞如所謂的命題態度詞「知道」、「相信」、「懷疑」、「斷定」等，是謂詞邏輯所不能表達的。

5.4　模型和賦值　普遍有效式

前面給出了謂詞邏輯的符號和公式，下面對這些符號和公式進行解釋，賦予它們以意義和真假。這是通過模型和賦值來實現的。

謂詞邏輯語言的一個模型 U（亦稱「解釋」）包括下列因素：

（Ⅰ）一個個體域 D，即由具有一定性質的個體所構成的集合。當給定個體域之後，全稱量詞∀x表示個體域中的所有個體，存在量詞∃x表示個體域中的某些個體。這就是說，全稱量詞、存在量詞和約束個體變項的意義都確定了。

（Ⅱ）個體常項在個體域 D 中的值，即個體常項表示個體域中的某個特定個體。

（Ⅲ）謂詞符號在個體域 D 上的解釋，即表示個體域中個體的性質

和個體之間的關係。

如前所述，謂詞邏輯的一個閉公式只含有這樣一些成分，因此當確定模型 U 後，閉公式的意義就確定了，因而其真假也就確定了。例如，令個體域為自然數集合 {1，2，3，……}，個體常項 a 表示自然數「1」，F 表示「偶數」，R 表示自然數集上的「小於關係」，S 表示自然數上的複合關係「…×…＝…」。於是，

F(a) 表示「1 是一個偶數」，是一個假命題；

$\forall x \exists y R(x, y)$ 表示：「對於任一自然數，都可以找到另一個自然數，前者比後者小」，也就是說，沒有最大的自然數，這是一個真命題；

$\forall x S(x, a, x)$ 是說：任一自然數與 1 相乘都等於該自然數本身，這是一個真命題。

但是，當一個公式中含有自由變項，即該公式本身是一個開公式時，它的意義尚不確定，因而其真假也不確定。例如，

$$\exists y R(y, x)$$

是說：有的自然數小於某個自然數。究竟小於哪一個自然數呢？這一點尚不確定。為了確定該公式的真值，必須先確定它究竟指哪一個自然數。這是通過指派（記為 ρ）來確定的。ρ 一次給謂詞邏輯語言中的所有自由變項指派個體域中的個體，但在一個具體的公式中只用到該指派的一部分，令自由變項 y， z 的指派值（記為 $\rho(x)$，$\rho(z)$）分別是 1 和 5，則

$\exists y R(y, x)$ 是說：有的自然數小於 1，這是一個假命題；

$\exists y R(y, z)$ 是說：有的自然數小於 5，這是一個真命題。

當給定指派之後，含自由變項的公式也有了確定的意義，因而也有了確定的真假。於是，在模型 U 和指派 ρ 之下，謂詞邏輯的所有公式都有了確定的意義，也有了確定的真假。也就是說，謂詞邏輯的

語言得到了確定的解釋。通常把一個模型 U 和模型 U 上的一個指派合稱為一個賦值，記為 $\sigma = <U, p>$。

顯然，對於自由變項 x，y，z，……的指派不只一種，例如 ρ_1 給 x 指派自然數 1，給 y 指派自然數 2，給 z 指派自然數 3；而 ρ_2 給 x 指派自然數 5，給 y 指派自然數 6，給 z 指派自然數 7，如比等等，不同指派的數目甚至可以無窮多。由於賦值 $\sigma=<U, \rho>$，因而有多少個不同的指派，就會產生多少個不同的賦值。

如果一個謂詞邏輯的公式，對於任何一個賦值它都為真，則稱該公式為普遍有效式。普遍有效式是謂詞邏輯的規律，謂詞邏輯就是要找出所有的普遍有效式。

如果一個謂詞邏輯的公式，對於任何一個賦值它都為假，則稱該公式是一個不可滿足式。不可滿足式是謂詞邏輯中的邏輯矛盾，是謂詞邏輯力圖排除的東西。

如果一個謂詞邏輯的公式，對於有些賦值為真，對於有些賦值為假，則稱該公式是可滿足式，但非普遍有效式。

例如，下述公式都是謂詞邏輯的普遍有效式，都是謂詞邏輯的規律，因而可以用作有效推理的根據：

(1) $\forall xF(x) \rightarrow F(y)$

這是從一般到個別的推理：論域中所有個體是 F，蘊涵著論域中某個個體是 F。

(2) $F(y) \rightarrow \exists xF(x)$

這是從個別到存在的推理：論域中某個個體是 F，蘊涵著論域中有的個體是 F。

(3) $\forall x(F(x) \vee \neg F(x))$

這是排中律在謂詞邏輯中的表現形式：論域中的任一個體或者是

F 或者不是 F。

(4)¬ ∃x(F(x)∧¬ F(x))

這是矛盾律在謂詞邏輯中的表現形式：論域中不存在個體既是 F 又不是 F。

(5)∀xF(x)↔¬ ∃x¬ F(x)

這表明全稱量詞可以用存在量詞來定義：所有 x 是 F，可以定義為：並非有些 x 不是 F。

(6)∃xF(x)↔¬ ∀x¬ F(x)

這表明存在量詞可以用全稱量詞來定義：有些 x 是 F，可以定義為：並非所有 x 都不是 F。

(7)∀x(F(x)→G(x))→(∀xF(x)→∀xG(x))

這是全稱量詞對於蘊涵的分配律。

(8)∀x(F(x)∧G(x))↔(∀xF(x)∧∀xG(x))

這是全稱量詞對於合取的分配律。

(9)∃x(F(x)∨G(x))↔(∃xF(x)∨∃xG(x))

這是存在量詞對於析取的分配律。

⑽∃x∀yR(x, y)→∀y∃xR(x, y)

這是存在量詞與全稱量詞的交換律，但它的逆公式不成立。

5.5　二元關係的邏輯性質和排序問題

　　不同的關係有不同的邏輯性質。這裡主要考慮二元關係的邏輯性質，即關係的自返性、對稱性和傳遞性：

　　一關係 R 是自返的，若且唯若，對任一 x 而言，x 與它自身有 R 關係，即 R(x，x)成立。為簡便起見，我們這裡把所有不滿足這一條件的關係都叫做「非自返關係」。例如，「等於」、「與…同一」是自返關係，而「大於」、「小於」、「欣賞」、「戰勝」是非自返關係。

　　一關係 R 是對稱的，若且唯若，對於一 x 和 y 而言，如果 R(x, y)，則 R(y, x)。也就是說，如果第一個對象與第二個對象有 R 關係，則第二個對象與第一個對象也有 R 關係。這裡把所有不滿足這一條件的叫做「非對稱關係」。例如，「等於」、「同學」、「相鄰」、「接壤」是對稱關係，而「愛」、「認識」、「相信」、「尊敬」、「大於」、「小於」是非對稱關係。

　　一關係 R 是傳遞的，若且唯若，對任一 x、y 和 z 而言，如果 R(x, y)並且 R(y, z)，則 R(x, z)。也就是說，如果第一個對象與第二個對象有 R 的關係，並且第二個對象與第三個對象也有 R 關係，則第一個對象與第三個對象也具有 R 關係。例如，「大於」、「小於」、「在……之前」、「在……之後」是傳遞關係。如果已經知道關係 R 是傳遞的，並且又知道 R(x, y)並且 R(y, z)，則可以推出 R(x, z)。我們把所有不滿足這一條件的關係都叫做「非傳遞關係」，例如「朋友」、「認識」、「愛」、「戰勝」、「父子」。

　　如果根據一個關係，能夠在對象之間排出某種次序來，每個對象在這種次序中有一個唯一確定的位置，這樣的關係叫做「偏序關係」，它必定滿足非自返性、非對稱性和傳遞性。例如，「大於」、

「小於」、「快於」、「在……之前」、「在……之後」、「在……北邊」等等，都是偏序關係。

‖ 例 1 ‖

甲和乙任何一人都比丙、丁高。

如果上述為真，再加上以下哪項，則可得出「戊比丁高」的結論？

A.戊比甲矮。

B.乙比甲高。

C.乙比甲矮。

D.戊比丙高。

E.戊比乙高。

解　析

「比……高」是一傳遞關係，要得到「戊比丁高」的結論，就需要戊比某個人高，而這個人又比丁高，符合條件的只有選項 E「戊比乙高」，由題幹知道，乙比丁高，最後得到戊比丁高。因此，正確的選項是 E。

‖ 例 2 ‖

有四個外表看起來沒有分別的小球，它們的重量可能有所不同。取一個天秤，將甲、乙歸為一組，丙、丁歸為另一組，分別放在天秤兩邊，天秤是基本平衡的。將乙、丁對調一下，甲、丁一邊明顯要比乙、丙一邊重得多。可奇怪的是，我們在天秤一邊放上甲、丙，而另一邊剛放上乙，還沒有來得及放上丁時，天秤就壓向乙一邊。

請你判斷，這四個球由重到輕的順序是什麼？

A.丁、乙、甲、丙；

B.丁、乙、丙、甲；

C.乙、丙、丁、甲；

D.乙、甲、丁、丙；

E.乙、丁、甲、丙。

─── 解　析 ───

從題幹可以得到三個關係命題：甲乙＝丙丁，甲丁＞丙乙，乙＞甲丙。由「甲乙＝丙丁」和「甲丁＞丙乙」，可以得到「丁＞乙」；由「甲乙＝丙丁」和新推出的「丁＞乙」，又可以得到「甲＞丙」，再加上「乙＞甲丙」，就可以排出它們四者之間由重到輕的順序：丁、乙、甲、丙。因此，正確答案是 A。

─── ‖ 例 3 ‖ ───

某學術會議正舉行分組會議，某一組有 8 個人出席，分組會議主席問大家原來各自認識與否。結果是全組中僅有一個人認識小組中的三個人，有三個人認識小組中的兩個人，有四個人認識小組中的一個人。

若以上統計屬實，則最能得出以下哪項結論？

A.會議主席認識小組中的人最多，其他的人相互認識的少；

B.此類學術會議是第一次舉行，大家都是生面孔；

C.有些成員所說的認識可能僅是電視上或報告會上見過而已；

D.雖然會議成員原來的熟人不多，但原來認識的都是至交；

E.通過這次會議，小組成員都相互認識了，以後見面就能直呼其名了。

─── 解　析 ───

從題幹中的統計數字可以知道：統計中所說的「認識」是不對稱的，至少有些人不是相互認識，而只是單向認識，即一個人認識另一個人，後者卻不認識前者。最容易造成這種情況的選項 C。從題幹中得不出選項 A、B、D；選項 E 也不一定成立，因為假設會議只有一天、兩天，有人又不愛發言，以後見面仍可能不能直呼其名。因此，正確答案是 C。

第六章

愛做歸納的火雞被送上餐桌，怪誰？

——歸納邏輯

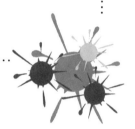

　　培根（Francis Bacon，西元 1561-1626 年），英國哲學家，實驗科學的先驅者。其主要著作有：《論說文集》、《學術的進展》、《新工具》等。在邏輯學方面，他試圖創立一種根本不同於亞里斯多德邏輯的歸納邏輯，並具體闡述了搜集、整理經驗材料的「三表法」。他的思想被英國哲學家、邏輯學家約翰·穆勒（John Stuart Mill，西元 1806-1873 年）所繼承和發展。

　　格言：歷來處理科學的人，不是實驗家，就是教條者。實驗家像螞蟻，只會採集和使用；推論家像蜘蛛，只憑自己的材料來織成絲網。而蜜蜂卻是採取中道的，它在庭院裡和田野裡從花朵中採集材料，而用自己的能力加以變化和消化。哲學的真正任務就正是這樣，它既非完全或主要依靠心的能力，也非只把從自然歷史和機械實驗收來的材料原封不動，囫圇吞棗地累置於記憶當中，而是把它們變化過和消化過放置在理解力之中。這樣看來，要把這兩種機能，即實驗的和理性的這兩種機能，更緊密地和更精純地結合起來（這是迄今還未做到的），我們就可以有很多的希望。

儘管亞里斯多德也討論過簡單枚舉法和直覺歸納法，但對於歸納邏輯的極力鼓吹和系統研究卻是始於英國哲學家培根（Francis Bacon，西元 1561-1626 年）。據說培根在人品方面很有問題，早年為了出人頭地，有些不擇手段，晚年位居高官時，又因受賄而被判坐牢。關於這次審判，據說他曾說道：「我是英格蘭這 50 年裡最公正的審判官，但對我的審判卻是 200 年來國會最公正的審判。」儘管如此，培根在哲學和科學方面的貢獻卻是不可否認的。他曾喊出一個著名的口號：「知識就是力量」。針對亞里斯多德的《工具論》，他寫了一部著作《新工具》，其中對亞氏三段論提出了嚴厲批評，並聲稱要創立一種全新的邏輯——歸納邏輯，具體提出了「三表法」，即本質和具有表、缺乏表和程度表，以及排除法，用以從感覺經驗材料抽象、概括出一般命題。後來，穆勒（John Stuart Mill，西元 1806-1873 年）在培根工作的基礎上，更系統地闡述了尋求現象之間因果聯繫的五種方法：求同法、求異法、求同求異並用法、共變法和剩餘法，通稱「穆勒五法」。但英國哲學家休謨（David Hume，西元 1711-1776 年）卻對古典歸納邏輯提出了深刻的質疑，認為歸納推理不能從經驗材料中發現、概括出具有必然性的一般規律。從此之後，歸納邏輯幾乎不再研究如何從感覺經驗材料中發現普遍命題的程序和方法，而是去研究感覺經驗證據對某個一般性假說的確證程度，並引入概率論和數理統計作工具，發展出了概率歸納邏輯。這是現代歸納邏輯的主要形態。

6.1 從枚舉事例中抽取結論

在一類事物中，根據已觀察到的部分對象都具有某種屬性，並且沒有遇到任何反例，從而推出該類所有對象都具有該種屬性。這就是簡單枚舉法，其一般形式是：

S_1 是 P，

S_2 是 P，

$\vdots$

S_n 是 P，

（$S_1, S_2, \cdots S_n$ 是 S 類的部分對象）

所以，所有的 S 都是 P。

‖ 例 1 ‖

人們早已知道，某些生物的活動是按時間的變化（晝夜交替或四季變更）來進行的，具有時間上的周期性節律，如雞叫三遍天亮，青蛙冬眠春曉，大雁春來秋往，牽牛花破曉開放等等。人們由此作出概括：凡生物的活動都受生物鐘支配，具有時間上的周期性節律。

下述哪段議論的論證手法與上面所使用的方法不同？

A.麻雀會飛，烏鴉會飛，大雁會飛，天鵝、禿鷲、喜鵲、海鷗等等也會飛，所以，所有的鳥都會飛。

B.我們摩擦凍僵的雙手，手便暖和起來；我們敲擊石塊，石塊會發出火光；我們用錘子不斷地錘擊鐵塊，鐵塊也能熱到發紅；古人還通過鑽木取火。所以，任何兩個物體的摩擦都能生熱。

C.在我們班上，我不會講德語，你不會講德語，紅霞不會講德語，陽光也不會講德語，所以我們班沒有人會講德語。

D.外科醫生在給病人做手術時可以看 x 光片，律師在為被告辯護時可以查看辯護書，建築師在蓋房子時可以對照設計圖，教師準備課程可以看各種參考書，為什麼獨獨不允許學生在考試時看教科書及其相關的材料？

E.張山是湖南人，他愛吃辣椒；李司是湖南人，他也愛吃辣椒；王武是湖南人，更愛吃辣椒，我所碰到的幾個湖南人都愛吃辣椒。所以，所有的湖南人都愛吃辣椒。

━━ 解　析 ━━

　　題幹中所使用的方法是簡單枚舉法，只有選項D使用的是在不同事物之間進行類比，其方法與題幹不同，其他各項都與題幹相同。因此，正確答案是 D。

　　簡單枚舉法的結論是或然的，它的可靠性程度完全建立在枚舉事例的數量及其分布的範圍上。因此，要提高它的結論的可靠性，必須至少遵循以下要求：在一類事物中，(1)被考察對象的數量要足夠多；(2)被考察對象的範圍要足夠廣；(3)被考察對象之間的差異要充分大。通常把樣本過少、結論明顯為假的簡單枚舉法稱之為「以偏概全」、「輕率概括」，例如，例１中的C以及下面這個例子都是輕率概括：有人論證說「兒子都比老子偉大，例如世界上幾乎人人都知道愛因斯坦，但有幾個人知道愛因斯坦的爸爸呢？！」。

6.2　探求事物間的因果聯繫

　　通常所謂的「尋求因果聯繫的方法」，是根據因果關係的某些特點，把某些明顯不是被研究現象的原因的先行情況排除掉，而在其餘的先行情況與被研究現象之間確立因果關係。因此，亦稱「排除歸納法」。

6.2.1　因果關係的特點

　　因果聯繫是世界萬物之間普遍聯繫的一個方面，也許是其中最重要的方面。一個（或一些）現象的產生會引起或影響到另一個（或一些）現象的產生。前者是後者的原因，後者就是前者的結果。科學的一個重要任務就是要把握事物之間的因果聯繫，以便掌握事物發生、

發展的規律。

　　一般說來，因果關係的特點是：(1)普遍性，指任何現象都有它產生的原因，也有它所產生的結果，原因和結果總是如影隨形，恆常伴隨的。沒有無因之果，也沒有無果之因。並且，相同的原因永遠產生相同的結果，但相同的結果卻可以產生於不同的原因，等等。(2)共存性，指原因和結果總是在時空上相互接近的，並且總是共同變化的：原因的變化將引起結果的相應變化，結果的改變總是由原因的改變所引起。但因果之間的共存性也容易使人們倒因為果，或倒果為因，犯「倒置因果」的錯誤。例如，微生物入侵是造成有機物腐敗的原因，而有人誤認為有機物腐敗才導致微生物入侵，這是倒因為果。又如，在 19 世紀的英國，勤勞的農民至少有兩頭牛，而好吃懶做的人通常沒有牛。於是某改革家建議給每位沒有牛的農民兩頭牛，以便使他們勤勞起來。這是倒果為因。(3)先後性，即所謂的先因後果：一般說來，原因總是在先，結果總是在後。但是，也要注意「在此之後並非就是因此之故」，也就是說先後關係不等於因果關係。例如閃電和雷鳴先後相繼，但閃電並不是雷鳴的原因，兩者有一個共同的原因：帶電雲塊之間的相互碰撞。把先後關係當做因果關係，就犯了「以先後為因果」的錯誤，後者是許多迷信、錯誤信念的根源。(4)複雜多樣性，指因果聯繫是多種多樣的，固然有「一因一果」，但更多的時候是「多因一果」，每一個原因單獨來看都只是結果的必要條件，而不是充分條件。這些因素增加了正確地尋找因果關係的難度。

　　因果關係的上述特點為我們尋找因果關係提供了嚮導和依據。例如，因果關係具有先後性，一般總是先因後果。因此，我們在尋找一個現象的原因時，就應該到它的先行現象中去尋找，而不應該在它的後續現象中去尋找。再如，因果關係具有共存性，因果總是共存並且共變的。因此，如果兩個現象之間沒有共變關係，就可以得出「它們之間沒有因果關係」的結論。排除歸納法實際上就是根據因果關係的這樣一些特點而設計的，其基本思路是：考察被研究現象出現的一些

場合，在它的先行現象或恆常伴隨的現象中去尋找它的可能的原因，然後有選擇地安排某些事例或實驗，根據因果關係的上述特點，排除一些不相干的現象或假設，最後得到比較可靠的結論。具體包括由培根先行提出、穆勒後來系統總結的「求因果五法」：求同法、求異法、求同求異並用法、共變法和剩餘法。這五種方法亦稱「穆勒五法」。

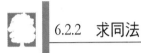

6.2.2　求同法

亦稱「契合法」，是指這樣一組操作：考察被研究對象出現的若干場合，找出此現象的先行現象；其中有些現象時而出現時而不出現，由於因果是恆常伴隨的，因此這些現象肯定不是被研究現象的原因；在這些場合中保持不變的、總與被研究現象共同出現的那個先行現象，就有可能與被研究現象有因果關係。用公式表示如下：

場合1：有先行現象 A、B、C，有被研究現象 a；
場合2：有先行現象 A、B、D，有被研究現象 a；
場合3：有先行現象 A、C、E，有被研究現象 a；
所以，A（可能）是 a 的原因。

對求同法的挑戰是：先行現象中表面的「同」可能掩蓋著本質的「異」，表面的「異」可能掩蓋本質的「同」，並且相同的先行現象可能不只一個，而有好多個，等等。這些情況的出現都會對求同法的結論構成質疑。例如，一天晚上某人看了兩小時書，並且喝了幾杯濃茶，結果整夜沒睡好覺；第二天晚上，他又看了兩小時書，抽了許多煙，結果又失眠了；第三天晚上，他又讀了兩小時書，喝了大量咖啡，結果是再次失眠。按求同法，連著三個晚上失眠的原因似乎應該是「看兩小時書」。這個結論顯然是不對的。事實上，茶、煙、咖啡

中的興奮性成分才是真正的原因。再看一個 MBA 考題。

‖ 例 2 ‖

　　光線的照射，有助於緩解冬季憂鬱症。研究人員曾對九名患者進行研究，他們均因冬季白天變短而患上了冬季憂鬱症。研究人員讓患者在清早和傍晚各接受三小時伴有花香的強光照射。一周之內，七名患者完全擺脫了憂鬱，另外兩人也表現出了顯著的好轉。由於光照會誘使身體誤以為夏季已經來臨，這樣便治好了冬季憂鬱症。

　　以下哪項如果為真，最能削弱上述論證的結論？

A.研究人員在強光照射時有意使用花香伴隨，對於改善患上冬季憂鬱症的患者的適應性有不小的作用。

B.九名患者中最先痊癒的三位均為女性。而對男性患者治療的效果較為遲緩。

C.該實驗均在北半球的溫帶氣候中，無法區分南北半球的實驗差異，但也無法預先排除。

D.強光照射對於皮膚的損害已經得到專門研究的證實，其中夏季比起冬季的危害性更大。

E.每天六小時的非工作狀態，改變了患者原來的生活環境，改善了他們的心態，這是對憂鬱症患者的一種主要影響。

--- 解　析 ---

　　研究人員得出結論的方法就是求同法。選項 A 只是部分地重複了求同法的結論，並沒有削弱它；選項 B、C、D 與該結論不相干；選項 E 表明，在先行現象或伴隨現象中，除「伴隨花香的光照照射」這一個共同情況外，還有「每天六小時的非工作狀態」這一共同情況，後者改變了患者原來的生活環境，改善了他們的心態（這種心態是導致憂鬱的主要原因）。因此，光線照射的增加與冬季憂鬱症緩解這兩者之間的聯繫，只是一種表面的非實質性聯繫。這就有力地削弱了題幹的結論。所以，正確答案是 E。

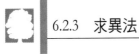 6.2.3 求異法

158

亦稱「差異法」，是指這樣一組操作：考察被研究現象出現和不出現的兩種場合，在這兩種場合都出現的那些先行現象肯定不是被研究現象的原因，而在被研究現象出現時出現、在被研究現象不出現時不出現的那個先行現象，則（可能）與被研究現象有因果聯繫。用公式表示為：

場合1：有先行現象 A、B、C，有被研究現象 a；

場合2：有先行現象 B、C，沒有被研究現象 a；

所以，A 是 a 的原因。

例如，秋末冬初街道兩旁的響楊開始落葉，但在高壓水銀燈下面的響楊樹葉卻遲遲不落，即使在同一棵樹上也有這樣的情況。這是為什麼呢？人們很快想到這與高壓水銀燈照射有關。這個思維過程就使用了求異法。

求異法結論成立的條件是：在被比較的兩種不同場合之間，只有一個先行情況或伴隨情況不同。這在實際生活中很難碰到，但在科學實驗中卻可以做到。因此，求異法在科學研究中常被採用，對比實驗所根據的就是求異法。

———————— ‖ 例 3 ‖ ————————

京華大學的 30 名學生近日裡答應參加一項旨在提高約會技巧的計劃。在參加這項計劃前一個月，他們平均已經有過一次約會。30 名學生被分成兩組：第一組與 6 名不同的志願者進行 6 次「實習性」約會，並從約會對象得到對其外表和行為的看法的反饋；第二組僅為對照組。在進行實習性約會前，每一組都要分別填寫社交憂懼調查表，並對其社交

的技巧評定分數。進行實習性約會後，第一組需要再次填寫調查表。結果表明：第一組較之對照組表現出更少社交憂懼，在社交場合更多自信，以及更易進行約會。顯然，實際進行約會，能夠提高我們社會交際的水準。

以下哪項如果為真，最可能質疑上述推斷？

A.這種訓練計劃能否普遍開展，專家們對此有不同的看法。

B.參加這項訓練計劃的學生並非隨機抽取的，但是所有報名的學生並不知道實驗計劃將要包括的內容。

C.對照組在事後一直抱怨他們並不知道計劃已經開始，因此，他們所填寫的調查表因對未來有期待而填得比較悲觀。

D.填寫社交憂懼調查表時，學生需要對約會的情況進行一定的回憶，男學生普遍對約會對象評價得較為客觀，而女學生則顯得比較感性。

E.約會對象是志願者，他們在事先並不了解計劃的全過程，也不認識約會的實驗對象。

── 解 析 ──

這個約會計劃實際上是一個對比實驗，所依據的就是求異法，如果 C 項為真，則對照組與實習組除了在所填寫的調查表中顯示出的差異外，還有另一個差異：實習組知道正在進行實驗，而對照組並不知道這一點，他們實際的社交水準與狀態比在調查表中填寫的要好，這樣作為題幹根據的調查表差異就不成立，這對題幹的結論提出了有力的質疑。選項 A、B、D、E 都與實驗結論不相干。因此，正確答案是 C。

6.2.4 求同求異並用法

亦稱「契合差異並用法」，是指這樣一組操作：先在正面場合求同：在被研究現象出現的幾個場合中，只有一個共同的先行情況；再

在反面場合求同：在被研究現象不出現的幾個場合中，都沒有這個先行情況；最後，在正反場合之間求異，得出結論說：這個先行情況與被研究現象之間有因果聯繫。用公式表示如下：

正面場合：有先行現象 A、B、C，有被研究現象 a；

有先行現象 A、D、E，有被研究現象 a；

反面場合：有先行現象 F、G，沒有被研究現象 a；

有先行現象 H、K，沒有被研究現象 a；

所以，A（可能）是 a 的原因。

例如，以差不多的成績考入一所大學的學生，經過一年學習以後，出現了成績差異。經調查，成績好的，都是學習努力的；成績差下去的，都是學習不夠努力的。經過比較，我們可以推斷，學習刻苦努力是成績好的原因。這裡所應用的就是求同求異並用法。

6.2.5 共變法

根據因果關係的特點，原因和結果總是共存和共變的。因此，兩個現象之間如果沒有共變關係，則可以肯定它們之間沒有因果關係；相反，如果兩個現象之間有共變關係，則它們之間就可能有因果關係。這就是共變法的思路，即每當某一現象發生一定程度的變化時，另一現象也隨之發生一定程度的變化，則這兩個現象之間（可能）有因果聯繫。用公式表示為：

有先行現象A_1，有被研究現象a_1；

有先行現象A_2，有被研究現象a_2；

有先行現象A_3，有被研究現象a_3；

所以，A 是 a 的原因。

　　在日常生活和生產實踐中，共變法被人們廣泛地使用著。許多儀表如體溫表、氣壓表、水表以及電表等都是根據共變法的道理製成的。例如，物理學中的物體遇熱膨脹規律，就是應用共變法得來的。我們對一個物體加熱，在其他條件不變的情況下，當物體的溫度不斷升高時，物體的體積就不斷膨脹。因此可以得出結論：物體受熱與物體體積膨脹有因果聯繫。應用共變法時至少要注意兩點：(1)只有在其他因素保持不變時，才能說明兩種共變現象有因果聯繫；(2)兩種現象的共變是有一定限度的，超過這個限度，就不再有共變關係。

6.2.6　剩餘法

　　剩餘法是指這樣一組操作：如果已知某一複雜現象是另一複雜現象的原因，同時又知前一現象中的某一部分是後一現象中的某一部分的原因，那麼，前一現象的其餘部分與後一現象的其餘部分有因果聯繫。可用公式表示為：

A、B、C、D 是 a、b、c、d 的原因，

A 是 a 的原因，

B 是 b 的原因，

C 是 c 的原因，

所以，D 與 d 之間有因果聯繫。

　　應用剩餘法最典型的例子是居里夫人對鐳的發現。她已知純鈾發出的放射線的強度，並且已知一定量的瀝青礦石所含的純鈾數量。她觀察到一定量的瀝青礦石所發出的放射線要比它所含的純鈾所發出的放射線強許多倍。由此，她推出在瀝青礦石中一定還含有別的放射性極強的元素。

　　剩餘法一般被用來判明事物的複雜的因果聯繫，而且必須在判明

了被研究對象的全部原因中的一部分原因的基礎上才能使用。因此，要在運用其他幾種求因果聯繫方法的基礎上使用。

 ### 6.2.7 求因果聯繫方法的綜合應用

在國內 MBA 邏輯考試中，有一種「說明解釋型」考題，它在題幹中給出某種需要說明、解釋的現象，再問什麼樣的理由、根據、原因能夠最好地解釋該現象，或最不能解釋該現象，即與該現象的發生不相干。

------‖ 例 4 ‖------

「試點綜合症」的問題屢見不鮮。每出臺一項改革措施，先進行試點，積累經驗後再推廣，這種以點帶面的工作方法本來是人們經常採用的。但現在許多項目中出現了「一試點就成功，一推廣就失敗」的怪現象。

以下哪項不是造成上述現象的可能原因？

A.在選擇試點單位時，一般選擇工作基礎比較好的單位。

B.為保證試點成功，政府往往給予試點單位許多優惠政策。

C.在試點過程中，領導往往比較重視，各方面的問題解決得快。

D.試點儘管成功，但許多企業外部的政策、市場環境卻並不相同。

E.全社會往往比較關注試點和試點的推廣工作。

------ 解　析 ------

根據因果關係的特點，不同的結果應由不同的原因或條件所引起。因此，凡是指明了試點和推廣時面對著不同的環境條件時，都有助於解釋該現象；凡是沒有揭示這一點的，都無助於解釋該現象。選擇 A、B、C、D 都揭示了試點和推廣時面臨不同的條件，只有 E 沒有說明這兩種情形下的不同條件，因此它不是「一試點就成功，一推廣就失敗」這種怪現象的可能原因。正確答案是 E。

‖ 例 5 ‖

　　世界衛生組織在全球範圍內進行了一項有關捐血對健康影響的追蹤調查。調查對象分為三組。第一組對象中均有二次以上的捐血記錄，其中最多的達數十次；第二組中的對象均僅有一次捐血記錄；第三組對象均從未捐過血。調查結果顯示，被調查對象中癌症和心臟病的發病率，第一組分別為 0.3% 和 0.5%，第二組分別為 0.7% 和 0.9%，第三組分別為 1.2% 和 2.7%。一些專家依此得出結論，捐血有利於減少患癌症和心臟病的風險。這兩種病已經不僅在發達國家而且也在發展中國家成為威脅中老年人生命的主要殺手。因此，捐血利己利人，一舉兩得。

　　以下哪項如果為真，將削弱以上結論？

　　I 60 歲以上的調查對象，在第一組中占 60%，在第二組中占 70%，在第三組中占 80%。

　　II 捐血者在捐血前要經過嚴格的體檢，一般具有較好的體質。

　　III 調查對象的人數，第一組為 1700 人，第二組為 3000 人，第三組為 7000 人。

　　A. 只有 I。

　　B. 只有 II。

　　C. 只有 III。

　　D. 只有 I 和 II。

　　E. I、II 和 III。

163

── 解　析 ──

　　這個調查實際上也是一個對比實驗，所依據的是求異法。這個調查的結論要成立，則要求被調查對象除了捐血與不捐血的差異外，在其他方面沒有重要的差別。如果能發現情況不是如此，則對其結論構成削弱。

　　I 能削弱題幹的結論。因為在三個組中，60 歲以上的被調查對象呈 10% 遞增，而題幹斷定，癌症和心臟病是威脅中老年人生命的主要

殺手，因此有理由認為，三個組的癌症和心臟病發病率的遞增，與中老年人比例的遞增有關，而並非說明捐血有利於減少患癌症和心臟病的風險。

Ⅱ能削弱題幹的結論。因為如果捐血者一般有較好的體質，則捐血記錄較高的調查對象，一般患癌症和心臟病的可能性就較小。因此，並非是捐血減少了他們患癌症和心臟病的風險。

Ⅲ不能削弱題幹。因為題幹中進行比較數據是百分比，被比較各組的絕對人數的一定差別，不影響這種比較的說服力。

所以，正確答案是 D。

‖ 例 6 ‖

英國研究各類精神緊張症的專家們發現，越來越多的人在使用 Internet 之後都會出現不同程度的不適反應。根據一項對 10000 個經常上網的人的抽樣調查，承認上網後感到煩躁和惱火的人數達到了三分之一；而 20 歲以下的網迷則有百分之四十四承認上網後感到緊張和煩躁。有關心理專家認為確實存在著某種「互聯網狂躁症」。

根據上述資料，以下哪項最不可能成為導致「互聯網狂躁症」的病因？

A.由於上網的人數遽增，通道擁擠，如果要瀏覽比較繁忙的網站，有時需要等待很長時間。

B.上網者經常是在不知道網址的情況下搜尋所需的資料和資訊，成功的概率很小，有時花費了工夫也得不到預想的結果。

C.雖然在有些國家使用互聯網是免費的，但在我國實行上網繳費制，這對網路用戶的上網時間起到了制約作用。

D.在 Internet 上能夠接觸到各種各樣的資訊，但很多時候資訊過量會使人們無所適從，失去自信，個人注意力喪失。

E.由於匿名的緣故，上網者經常會受到其他一些上網者的無禮對待或接收到一些莫名其妙的垃圾資訊。

解　析

　　選項A、B、D、E所說的等待時間長、成功率低、冗餘資訊和垃圾資訊、受到無禮對待，都可能是導致「互聯網狂躁症」的病因。相比之下，選項C所說的上網繳費制則有可能減少、限制上網時間，因而有可能減輕「互聯網狂躁症」，而不是造成後者的原因。所以，正確答案是C。

 ## 6.3　能近取譬，舉一反三

 ### 6.3.1　類比推理

　　類比推理是根據兩個或兩類事物在一系列屬性上相似，從而推出它們在另一個或另一些屬性上也相似的推理。其一般形式是：

　　A（類）對象具有屬性a、b、c、d，

　　B（類）對象也具有屬性a、b、c，

　　B（類）對象也具有屬性d。

　　類比推理能夠使人們舉一反三，觸類旁通，獲得創造性的啟發或靈感，從而找到解決難題之道。在現代科學中，類比推理的重要應用就是模擬方法，即在實驗室中模擬在自然界中出現的某些現象或過程。構造出相應的模型，從模型中探討其規律。而仿生學的出現則是應用模擬方法的結果。仿生學是研究如何通過模仿生物的構造及其功能來建造先進技術裝置的科學。

　　類比結論是或然的，也就是說可能為假，因為事物之間固然有相

似之處，但也有差別所在。於是，從兩個或兩類事物在某些地方相似，推出它們中另外的地方仍相似的結論就不具有必然性。類比結論的可靠性程度取決於許多因素，例如兩個或兩類事物之間相似屬性的數量，它們之間相似方面的相關性，它們之間不相似方面的相關性，其中最重要的是它們的已知相同屬性與推出屬性之間的相關程度；其相關程度越高，類比結論的可靠性越大；其相關程度越小，類比結論的可靠性越小，兩者之間成正比。

‖ 例 7 ‖

甲的轎車與乙的轎車擁有相同的顏色和外形，並且價錢也差不多，而甲的轎車的最高時速是 180 公里，因此，乙的轎車的最高時速也是 180 公里。

── 解　析 ──

這裡，相同屬性與推出屬性之間的相關程度比較低，因為轎車的時速與它的顏色、外形幾乎完全不相干。但是，在下一個例子中，相同屬性與推出屬性的相關程度就比較高，結論為真的可能性比較大：

‖ 例 8 ‖

甲的轎車與乙的轎車有相同的自重和馬力，性能和質量也差不多，而甲的轎車的最高時速是 180 公里，因此，乙的轎車的最高時速也是 180 公里。

人們通常把違背常識、結論明顯為假的類比稱為「機械類比」或「荒唐類比」，例如：「婚前性行為可以說勢在必行。無論如何，在買鞋之前，你總不能不讓人先試一下鞋。」「想來你絕不會每天吃一勺砒霜。那我就不能理解你為什麼還要抽煙。它們都是要你的命的呀！」

‖ 例 9 ‖

某市繁星商廈服裝部在前一陣疲軟的服裝市場中打了一個反季節銷售的勝仗。據統計，繁星商廈皮服的銷售額在 6、7、8 三個月連續成倍數增長，6 月 527 件，7 月 1269 件，8 月 3218 件，該市有關主管部門希望在今年冬天向全市各大商場推廣這種反季節銷售的策略，力爭在今年 11、12 月和明年 1 月使全市的夏衣銷售能有一個大突破。

以下哪項如果為真，能夠最好地說明該市有關主管部門的這種希望可能會遇到麻煩？

A.皮衣的價格可以在夏天一降再降，是因為廠家可以在皮衣淡季的時候購買原材料，其價格可以降低 30%。

B.皮衣的生產企業為了使生產銷售可以正常循環，寧願自己保本或者微利，把利潤壓縮了 55%。

C.在盛夏裡搞皮衣反季節銷售的不只是繁星商廈一家。但只有繁星商廈同時推出了售後服務，由消協規定的三個月延長到七個月，打消了很多消費者的顧慮，所以在諸商家中獨領風騷。

D.今年夏天繁星商廈的冬衣反季節銷售並沒有使該商廈夏衣的銷售獲益，反而略有下降。

E.根據最近進行的消費者心理調查的結果，買夏衣重流行、買冬衣重實惠是消費者極為普遍的心理。

── 解　析 ──

該市有關主管部門的建議依據類比推理：夏季反季節銷售冬季服裝獲得成功，因此若在冬季反季節銷售夏季服裝也將獲得成功。顯然這個類比結論是可錯的，題目所要求的就是找出使這個類比不成立的理由。選項A、B、C都只是部分地說明了繁星商廈反季節銷售冬裝取得成功的原因，與「反季節銷售夏裝是否會取得成功」毫不相干；選項D只是陳述了一個事實，即上述類比的結論是假的，並沒有說明類比不成功的原因。而選項E則解釋了原因：買冬衣重實惠，在夏天買

冬衣便宜，所以夏季反季節銷售容易取得成功；買夏衣重流行，而在冬天無法知道來年夏天流行什麼，因此冬季反季節銷售夏衣不大容易取得成功。

6.3.2 比較方法

比較是確定事物之間相同點和相異點的思維方法，通過比較，既可以認識具體事物之間的相似，也可以瞭解具體事物之間的差異，從而為進一步的科學分類提供基礎。比較方法的主要類型有：(1)縱向比較和橫向比較。前者將同一或同類事物在不同歷史形態下的具體情況進行比較，具有歷史性、時間順序性和縱深感等特點，亦稱「歷史比較法」。後者是將同一水平橫斷面上的不同事物，按照某種同一性標準進行比較，例如把中國目前的 GDP（國民生產總值）與美國的 GDP 進行比較，以明白兩個國家的實力對比和差距。當然，也可以同時進行縱向比較和橫向比較。(2)定性比較和定量比較。前者是比較反映事物本質屬性的某些特徵，從而來確定各個事物的質的規定性。後者是比較不同事物的數量特徵，以確定各個事物的量的規定性。比較要遵循以下邏輯原則：(1)必須在同一關係下進行比較；(2)應就事物的內在關係進行比較；(3)要有確定的比較標準。

在比較方面常見的錯誤有：(1)表面上在進行比較，但不設定供比較的對象，實際上根本沒有比較。例如，「精製麵包的營養高出30%」，「我們廠的電冰箱便宜 345 元」。就後一句而言，比誰便宜？是與該冰箱去年的價格相比？還是與同類型冰箱中質量最好而價格最貴的相比？或者是與同類冰箱中最便宜的相比？不提供這樣的背景資訊，上述表面上的比較就毫無意義。(2)不設定比較的根據或基礎，在不同的基礎上進行比較，或者把本來不可比的對象、數據拿來強做比較。

‖ **例 10** ‖

在美國與西班牙作戰期間，美國海軍曾經廣為散發海報，招募兵員。當時最有名的一個海軍廣告是這樣說的：美國海軍的死亡率比紐約市民還要低，海軍的官員具體就這個廣告解釋說：「根據統計，現在紐約市民的死亡率是每千人有 16 人，而儘管是戰時，美國海軍士兵的死亡率也不過每千人只有 9 人。」

169

如果以上資料為真,則以下哪項最能解釋上述這種看起來讓人懷疑的結論？

A.在戰爭期間，海軍士兵的死亡率要低於陸軍士兵。

B.在紐約市民中包括生存能力較差的嬰兒和老人。

C.敵軍打擊美國海軍的手段和途徑沒有打擊普通市民的手段和途徑來的多。

D.美國海軍的這種宣傳主要是為了鼓動入伍，所以，要考慮其中誇張的成分。

E.儘管是戰時，紐約的犯罪仍然很猖獗，報紙的頭條不時地有暴力和色情的報導。

解　析

廣告中的比較是荒唐的，說嚴重一點是在欺騙。因為海軍士兵幾乎都是青壯年，身體健康；然則紐約市民中卻包括老、幼、病、弱、殘，這些人生存能力很弱，很容易夭亡，選項 B 正好指出了這一點。選項 A 與題幹無關，C 明顯不實，E 不能提供所需要的解釋，因為一個城市暴力犯罪所導致的傷亡不可能大到比戰場傷亡更大的程度，不能選 D 項的原因與 C 類似。因此，正確答案是 B。

6.4 從假說演繹出觀察結論

假說演繹法是指這樣一組操作：在科學研究過程中，研究者在觀察、實驗的基礎上，對所獲得的事實材料進行加工製作，首先提出某種作為理論基本前提的猜測性假說，然後從它們邏輯地演繹出一組具體結論，交付觀察或實驗去檢驗。若這些結論被證實，則該假說得到一定程度的支持；若被證偽，則說明該假說至少存在某些問題，需要被修改甚至被拋棄。循此方法不斷重複，我們將會達到可靠性越來越高的假說。假說演繹法包括假說的提出、假說的展開和假說的檢驗三個關鍵步驟。這中間既有歸納性成分，又有演繹性因素，但從整體上來說，假說演繹法是擴展性推理或論證，屬於廣義歸納的範圍。

在假說的提出階段，類比、想像、直覺、頓悟起一定作用，溯因推理也起一定作用。所謂溯因推理，是指這樣一種操作程序：從某個待解釋現象出發，若運用某個一般性規律就能解釋該現象何以如此發生，由此就推出該一般規律有可能成立，其一般形式是：

> 待解釋現象 e
> 如果 h，則 e
> ──────────
> 所以，h

例如，某人身體發高燒。如何解釋這一現象？最有可能的解釋就是他患了重感冒，因為如果患重感冒的話，通常會發高燒。再如，在19世紀40年代，F. W. 貝塞爾為了應用牛頓定律去解釋天狼星位置的周期性擺動現象，提出天狼星有一個伴星，而它們兩者圍繞著共同的引力中心運行的假說。

由於因果關係的複雜性，能夠解釋某一現象的假說常常不是單一

的，而有好多個。因此，溯因推理的複雜形式是：

待解釋現象 e

如果 h^1 或者 h^2 或者 h^3… 或者 h^n，則 e

並非 h^1

並非 h^2

並非 h^3

⋮

所以，h^n

還用發高燒的例子。能夠解釋這一現象的原因有好多個，例如患重感冒，患肺炎，或者傷口嚴重感染，等等。然後，分別從某一個假設如患重感冒出發，推出患者還應該有其他一些症狀，檢驗他是否有這些症狀，從而得出他是否患有某種疾病的診斷結論。

很明顯，溯因推理是假言推理的肯定後件式，從形式上說不是有效的，即它不能保證從真前提得出真結論，它所能提供的是某個猜測、某個假說、某個啟發性思路。但它卻是一種十分重要的思考形式，因為對於未知的現象，本來就沒有萬無一失的方法、程序、模式和準則。

在假說的展開階段，主要運用演繹推理，即從假說出發，加上其他已經確證的科學理論和邏輯工具，推演出一些可供實踐檢驗的結論。

在假說的驗證階段，主要對從假說推演出的結論進行實踐檢驗，從而確定該假說是否成立。由於觀察有理論的負荷，由於推出某個觀察結論時不僅利用了該假說，而且利用了許多其他的理論，因此對假說的證實或證偽都具有一定的相對性。

6.5 事件、樣本和推測

6.5.1 抽樣統計方法

先從一例子談起：

|| 例 11 ||

儘管城市居民也並非事事如意，但他們還是比農村同胞更少心理健康方面的問題。……該項調查徵詢了 6700 名成年人，他們分別居住在六個社區之中，這些社區大至 300 萬人口的城市，小到不足 2500 人的城鎮。其結果以被徵詢者的口述為基礎，包括失眠，現在和過去的神經崩潰等症狀。居住在人口超過 50000 的城市中的居民，其所提及的症狀要比人口不足 50000 的城鎮中的居民低幾乎 20%。

解　析

我們可以把這段論辯的結構整理如下：結論是「城市居民比農村同胞更少心理健康方面的問題」，論據是「一項調查顯示，居住在人口超過 50000 的城市中的居民，其所提及的症狀要比人口不足 50000 的城鎮中的居民低幾乎 20%」。這裡利用了抽樣統計得來的數據去證實該結論。

在統計學中，某一被研究領域的全部對象，叫做總體；從總體中抽選出來加以考察的那一部分對象，叫做樣本。統計推理是由樣本具有某種屬性推出總體也具有某種屬性的推理，即從 S 類事物經考察的對象中有 n%(0<n<100)具有性質 P，推出在 S 類的所有對象中 n%具有性質 P。在例 11 中，對象總體是某個國家的城市和農村的居民；樣本是從 6 個社區

選取出來的 6700 名居民；要考察的特徵是心理健康與居住環境的關聯。

　　統計結論的可靠性主要取決於樣本的代表性。只有從能夠代表總體的樣本出發，才能得到關於總體的可靠結論。一般從抽樣的規模、抽樣的廣度和抽樣的隨機性三個方面去保證樣本的代表性。更具體地說 ，(1)要加大樣本的數量，以便消除誤差；(2)要採用分層抽樣的方法，從總體的各個「層」去選取樣本；(3)不帶任何偏見地隨機抽樣。這最後一點可以說是最難做到的，偏見可能無意識的滲透到調查問卷的表格、問題以及說話的語氣、身體姿勢等等之中，它可能無孔不入、防不勝防。因此，對於任何一個抽樣統計結果，你都可以從這些角度去質疑它的可靠性。

----------‖ 例 12 ‖----------

　　據對一批企業調查顯示，這些企業總經理的平均年齡是 57 歲，而在 20 年前，同樣的這些企業總經理的平均年齡大約是 49 歲。這說明，目前企業中總經理的年齡呈老化趨勢。

　　以下哪項，對題幹的論證提出的質疑最為有力？

　　A.題幹中沒有說明，20 年前這些企業關於總經理人選是否有年齡限制。

　　B.題幹中沒有說明，這些總經理任職的平均年數。

　　C.題幹中的資訊，僅僅基於有 20 年以上歷史的企業。

　　D.20 年前這些企業的總經理的平均年齡，僅是個近似數字。

　　E.題幹中沒有說明被調查企業的規模。

解　析

　　題幹的結論涉及包括新老企業在內的目前各種企業，按理應該從各種企業中分層、隨機抽樣，以確保樣本的代表性。正如 C 項所指出的，題幹的論據僅僅涉及有 20 年以上歷史的老企業，缺乏代表性，特別是這種老企業在目前所占比例不大時更是如此，因此題幹結論的可信度較低。這樣，C 項對題幹結論提出了有力質疑。其餘各項均不能構成對題幹的質疑。正確答案是 C。

|| 例 13 ||

為了估計當前人們對管理基本知識掌握的水準，《管理者》雜誌在讀者中開展了一次管理知識有獎問答活動。答卷評分後發現，60%的參加者對於管理基本知識掌握的水準很高，30%左右的參加者也表現出了一定的水準。《管理者》雜誌因此得出結論，目前社會群眾對於管理基本知識的掌握還是不錯的。

以下哪項如果為真，則最能削弱以上結論？

A.管理基本知識的範圍很廣，僅憑一次答卷就得出結論未免過於草率。

B.掌握了管理基本知識與管理水準的真正提高還有相當的距離。

C.並非所有《管理者》的讀者都參加了此次答卷活動，其信度值得商榷。

D.從發行管道看，《管理者》的讀者主要是高學歷者和實際的經營管理者。

E.並不是所有人都那麼認真，有少數人照抄了別人的答卷，還獲了獎。

解　析

選項 B 與題幹結論無關，選項 A、C、E 對題幹結論構成輕度質疑，C、E 在質疑抽樣數據的可靠性和可信性，但比較而言，D 項的質疑最根本：因為題幹結論涉及「目前社會群眾」，而樣本是《管理者》雜誌的讀者，選項 D 指出，《管理者》的讀者主要是高學歷者和實際的經營管理者。由此可以看出，這些樣本相對於目前社會群眾來說，不具有代表性。因此，無論這次抽樣的統計結果是什麼，都不能直接推廣到總體上去。如果選項 D 真，最能削弱題幹的結論。假如題幹結論不是涉及「目前的社會群眾」，而是只涉及《管理者》的讀者，抽樣結果是能夠支持結論的。

6.5.2　謹防「精確」數字陷阱

在當代社會，各種數字、數據、報表滿天飛，頻頻出現在電視廣告、新聞報導、報刊通訊、雜誌文章和專門著作之中，例如國民經濟增長速度，某個城市居民的收入水準，消費物價指數，空氣污染指數，某電視節目的收視率，書店的暢銷書排行榜，某一商品的客戶滿意度，某一偏方對某一疾病的治癒率，全國抽煙人口及其在總人口中所占的百分比，吸食毒品、賣淫的人數及其增長速度，同性戀者在總人口中所占比例，愛滋病的流行趨勢，夫妻中在家裡對配偶施暴的人數以及男女各占的比例，如此等等，不一而足。我們確確實實生活在一個「數字化」的社會或時代中。我們當然不能對這些數字、數據、報表進行無端的懷疑，但也實在應該對它們保持必要的警惕：人們是如何得到這些數字和數據的？關於那些看起來不太可能弄得太清楚、太準確的問題，他們為什麼會有那麼清楚、準確的數字或數據？他們獲得這些數字、數據的方法和途徑是什麼？這些方法和途徑可靠嗎？這些數字、數據的可信度高嗎？這是每一個有正常理性的人都必須經常問自己的問題。正如「謊言重複千百遍就會被誤以為是真理」一樣，一個人長期處於各種錯誤資訊的包圍之中，處在不可靠的數字、數據、報表的包圍之中，久而久之也會有意無意地把它們當做真實的東西加以接受，從而作出錯誤的判斷和決策。因此，對「精確」數字保持必要的懷疑，這是一種明智的、理性的態度。

 ⑴平均數陷阱

我們幾乎每天都會與「平均」打交道：「我的工作能力和業績在平均水準以上，工資接近平均水準，住房面積在平均水準以下」，等等。有三種不同的平均數：⑴將所有數值加起來，再用這個相加之和去除累加的數值的個數。這是最常見的平均數。例如，一個單位有98

人，把98人的工資相加後再除以98，就得到這個單位的平均工資數。
(2)將所有數字從高到低排列起來，找到處於數列中間的那個數字，此
數字為中位數，也是平均數的一種形式，它的獲得相當於「去掉一個
最高分，去掉一個最低分；再去掉一個最高分，去掉一個最低分，
……」(3)列出所有數值，然後計算每一個不同的數值或值域，最常出
現的數值叫做眾數，也是平均數的一種形式。但眾數在日常生活中較
少應用，用得最多的是第一種平均數。

　　除了弄清平均數的三種不同形式外，還要特別注意其中最大值和
最小值之間的差異（範圍），以及每個數值出現的次數（分布）。不
然，平均數就有可能成為一種陷阱。例如，「本市平均的空氣污染指
數已降到警戒線以下」，但你切不要以為生活在本市就十分安全，因
為可能你所生活的那個社區，或你所工作的那個單位是本市污染最嚴
重的社區或單位，假如你繼續在該社區生活或在該單位工作，就會嚴
重地損害你的健康。

------‖ 例 14 ‖------

　　某人在任職企業破產後，打定主意要重新找一個工資較高的工作，
一天他看到一幅招聘廣告：「本公司現有員工19人，現誠聘1名技術工
人。本公司平均月薪3200元以上。」於是，他高興地去應徵，並很幸運
地被錄取了，但他第一個月拿到的正常月薪只有500元。他說該公司的
招聘廣告說謊，但該廣告確實沒有說謊。

　　增加以下哪一點最能解釋上述事實：

　　A.這個公司本月效益不太好；

　　B.他的工作小有瑕疵；

　　C.他與公司經理關係不大好；

　　D.該公司的平均工資是這樣計算出來的：經理月薪25000元，經理女
　　　秘書月薪15000元，兩名中層主管月薪10000元，其他員工月薪500元。

　　E.這個公司是一個高技術公司。

── 解　析 ──

　　注意題幹中「正常月薪」幾個字，增加選項Ａ、Ｂ、Ｃ會與它相抵觸；選項Ｅ與題幹所問不相干，而Ｄ能夠解釋題幹所設定的事實。因此，正確答案是Ｄ。

 ⑵莫名其妙的百分比

　　在我們的日常生活中，到處都可能碰到百分比。不過，對於它們我們要弄清楚的第一件事情，就是該百分比所賴以計算出來的那個基數。

──────‖ 例 15 ‖──────

　　⑴我們廠的電視機銷售去年增加 50% 以上，而我們的競爭對手只增加不到 25%。

　　⑵犯罪浪潮正在席捲本市，去年的殺人案件增長了近 80%！

── 解　析 ──

　　這兩個例子都遺漏了至關重要的資訊：該百分比所依據的絕對數字。假如「我們」的銷售是從 1 萬臺增加到 15500 臺(50% 以上)，而「我們」的競爭對手卻是從 50 萬臺增加到 61.5 萬臺(不到 25%)。孰優孰劣，誰漲誰消，豈不是一目了然嗎？如果你弄清楚了本市是一個人口一千多萬的城市，去年的殺人案件是 6 件，今年的殺人案件是 10 件（增長近 80%），你對本市安全狀況的擔憂也許會大大地減輕，甚至會慶幸自己生活在這個城市之中。

　　對於百分比，我們要問的第二個問題：該百分比所表示的絕對總量。該百分比雖小，但絕不意味著它所體現的數字同樣貌不驚人。

‖ 例 16 ‖

說我們濫殺無辜，這是污蔑和造謠！我們所殺的是只占全國總人口0.01%的少數壞蛋。

解　析

假如這個國家總人口為8.7億，殺掉0.01%就意味著殺掉了870萬人，相當於歐洲的一個比較大的國家的全國人口。難道殺得還不夠嗎？！

對於百分比，我們要關注的第三個問題是：警惕有人為了某種目的，選用合乎需要的基礎數據，使百分比（合乎需要地）顯得畸大或畸小。例如，在顯示愛滋病流行程度時，我們可以以全國總人口為基數，這樣計算出來的百分比會很小；也可以選用吸毒、賣淫、同性戀人口為基數，這樣計算所得的百分比會較大。

‖ 例 17 ‖

近期一項調查顯示：在中國汽車市場上，按照女性買主所占的百分比計算，日本產「星願」、德國產「心動」和美國產「EXAP」這三種轎車名列前三名，因為在這三種車的買主中，女性買主占58%、55%和54%。但是，最近連續6個月的女性購車量排行榜，卻都是國產的富康轎車排在首位。

以下哪項如果為真，最有助於解釋上述矛盾？

A.某種轎車女性買主占全部轎車買主總數的百分比，與某種轎車買主中女性所占百分比是不同的。

B.排行榜的設立，目的之一就是引導消費者的購車方向。而發展國產汽車業，排行榜的作用不可忽視。

C.國產的富康轎車也曾經在女性買主所占的百分比的排列中名列前茅，只是最近才落到了第四名的位置。

D.最受女性買主的青睞和女性買主真正花錢去買是兩回事，一個是購買欲望，一個是購買行為，不可混為一談。

E.女性買主並不意味著就是女性來駕駛，轎車登記的主人與轎車實際的使用者經常是不同的。而且，單位購車在國內占了很重要的比例，不能忽略不計。

─── 解　析 ───

　　題幹斷言，在近期中國汽車的市場上，按女性買車所占百分比計算，星願、心動和 EXAP 名列前三；同時它又斷言，在女性購車量排行榜中，富康位居榜首。這些斷言看似相互矛盾，其實並不矛盾。因為兩個排名的依據不同：前一排名依據某種轎車的買主中女性買主所占百分比，後一排名依據女性實際購車量，它與前一個百分比沒有直接關聯，而與富康車女性買主占全部轎車買主總數的百分比相關聯。例如，設全年共賣出 85 萬輛轎車，富康車的女性買主所占百分比為 1%，則女性購買富康車 8500 輛；儘管女性買主占日產星願車買主的 58%，但由於星願車總共賣出不到一萬輛，相對地女性購買星願車最多不超過 6000 輛。A 項正是指出了這一點，因此有助於解釋題幹中似乎存在的矛盾。其餘各項都無助於解釋這一點。所以，正確答案是 A。

║ 例 18 ║

　　據國際衛生與保健組織 1999 年年會「通訊與健康」公布的調查報告顯示，68% 的腦癌患者都有經常使用行動電話的歷史。這充分說明，經常使用行動電話將會極大地增加一個人患腦癌的可能性。

　　以下哪項如果為真，則將最嚴重地削弱上述結論？

A.進入 20 世紀 80 年代以來，使用行動電話者的比例有驚人的增長。

B.有經常使用行動電話的歷史的人在 1990 年到 1999 年超過世界總人口的 65%。

C.在 1999 年全世界經常使用行動電話的人數比 1998 年增加了 68%。

D.使用普通電話與行動電話通話者同樣有導致腦癌的危險。

E.沒有使用過行動電話的人數在 90 年代超過世界總人口的 50%。

解　析

　　正確答案是 B。如果 B 項斷定為真，說明在世界總人口中，有經常使用行動電話歷史的人所佔的比例，已接近在腦癌患者中有經常使用行動電話歷史的所佔的比例，這就嚴重削弱了題幹的結論。正如一份對中國人的調查顯示，肺癌患者中 90%以上都是漢族人，由此顯然不能得出結論，漢族人更容易患肺癌，因為漢族人本身就佔了中國人的 90%以上。其餘各項均不能削弱題幹的結論。

6.6　歸納方法是合理的嗎

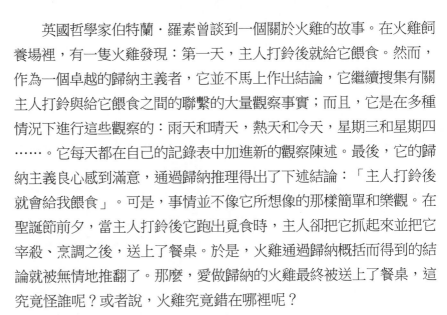

　　英國哲學家伯特蘭·羅素曾談到一個關於火雞的故事。在火雞飼養場裡，有一隻火雞發現：第一天，主人打鈴後就給它餵食。然而，作為一個卓越的歸納主義者，它並不馬上作出結論，它繼續搜集有關主人打鈴與給它餵食之間的聯繫的大量觀察事實；而且，它是在多種情況下進行這些觀察的：雨天和晴天，熱天和冷天，星期三和星期四……。它每天都在自己的記錄表中加進新的觀察陳述。最後，它的歸納主義良心感到滿意，通過歸納推理得出了下述結論：「主人打鈴後就會給我餵食」。可是，事情並不像它所想像的那樣簡單和樂觀。在聖誕節前夕，當主人打鈴後它跑出覓食時，主人卻把它抓起來並把它宰殺、烹調之後，送上了餐桌。於是，火雞通過歸納概括而得到的結論就被無情地推翻了。那麼，愛做歸納的火雞最終被送上了餐桌，這究竟怪誰呢？或者說，火雞究竟錯在哪裡呢？

　　這實際上是有關歸納的合理性問題。關於歸納，可以區分出三類

問題：(1)心理學問題，著重探討歸納推理的起源，發現或得到歸納結論的心理過程和心理機制，以及對某個歸納結論所持的相信和拒斥的心理態度及其理由等。(2)邏輯問題，著重探討歸納結論與觀察證據之間的邏輯聯繫，或者說歸納過程的推理機制。(3)哲學問題，主要探討歸推理是否能得必然性結論，如果不能得必然性結論，那麼它的合理性何在？如何為它的合理性辯護？①這叫做「歸納的合理性及其辯護問題」，它是由休謨在《人性論》第一卷(1739)及其改寫本《人類理解研究》(1748)中提出來的，因此亦稱「休謨問題」。

　　休謨從經驗論立場出發，對因果關係的客觀性提出了根本性質疑，其中隱含著對歸納合理性的根本性質疑。他把人類理智的對象分為兩種：觀念的聯繫和實際的事情，相應地把人類知識也分為兩類：關於觀念間聯繫的知識，以及關於實際事情的知識。前一類知識並不依賴於宇宙間實際存在的事物或實際發生的事情，只憑直觀或證明就能發現其確實性如何。而關於事實的知識的確實性卻不能憑藉直觀或證明來發現，例如設想「太陽過去一直從東方升起」與「太陽明天將從西方升起」並不包含矛盾。那麼，關於事實的知識或推理的根據何在？休謨指出：「一切關於事實的推理，看來都是建立在因果關係上面的。只要依照這種關係來推理，我們便能超出我們的記憶和感覺的證據以外」。②他繼續分析說，「從原因到結果的推斷並不等於一個論證。對此有如下明顯的證據：心靈永遠可以構想由任何原因而來的任何結果，甚至永遠可以構想一個事件為任何事件所跟隨；凡是我們構想的都是可能的，至少在形而上學的意義上是可能的；而凡是在使用論證的時侯，其反面是不可能的，它意味著一個矛盾。因此，用於

181

① G. H. von Wright: *The Logical Problems of Induction*, Oxford：Blackwell, 1957; 鄧生慶：《歸納邏輯——從古典向現代類型的演進》，四川大學出版社，1991 年。
② 休謨：《人類理解研究》，關文運譯，商務印書館，1982 年，第 27 頁。譯文有改動。

182

證明原因和結果的任何聯結的論證，是不存在的。這是哲學家們普遍同意的一個原則。」於是，休謨得出結論說：「一切因果推理都是建立在經驗上的，一切經驗的推理都是建立在自然的進程將一律不變地進行下去的假定上的。我們的結論是：相似的原因，在相似的條件下，將永遠產生相似的結果。」但休謨繼續質疑說，關於自然齊一律的假定不可能獲得邏輯的證明：顯然，亞當以其全部知識也不能論證出自然的進程必定一律不變地繼續進行下去，將來必定與過去一致，他甚至不能借助於任何或然論證來證明這一點。「因為一切或然論證都是建立在將來與過去有這種一致性的假設之上的，所以或然論證不可能證明這種一致性。這種一致性是一個事實，如果一定要對它證明，它只是假定在將來和過去之間有一種相似。因此，這一點是根本不允許證明的，我們不需證明而認為它是理所當然的。」③由此，休謨提出了他本人所主張的關於因果關係來源的觀點：「這種從原因到結果的轉移不是借助於理性，而完全來自於習慣和經驗。」在看見兩個現象（如熱和火焰，重與堅硬）恆常相伴出現後，我們可能僅僅出於習慣而由其中一個現象的出現期待另一現象的出現。因此，「習慣是人生的偉大指南。唯有這一原則可能使經驗對我們有用，使我們期待將來出現的一系列事件與過去出現的事件相類似。」④而休謨所理解的「習慣」，乃是一種非理性的心理作用，是一種本能的或自然的傾向，於是他就把因果關係以及基於因果關係之上的歸納推理置於一種非理性、非邏輯的基礎之上。

休謨的論證主要是針對因果關係的，但其中包含一個對歸納合理性的懷疑主義論證。我這裡把這個論證概要重構如下：(1)歸納推理不能得到演繹主義的辯護。因為在歸納推理中，存在著兩個邏輯的跳

③ 休謨：《〈人性論〉概要》，見於周曉亮：《休謨哲學研究》附錄一，人民出版社，1999 年，第 367-381 頁。

④ 休謨：《人類理解研究》，第 42-43 頁。

躍：一是從實際觀察到的有限事例跳到了涉及潛無窮對象的全稱結論；二是從過去、現在的經驗跳到了對未來的預測。而這兩者都沒有演繹邏輯的保證，因為適用於有限的不一定適用於無限，並且將來可能與過去和現在不同。(2)歸納推理的有效性也不能歸納地證明，例如根據歸納法在實踐中的成功去證明歸納，這就要用到歸納推理，因此導致無窮倒退或循環論證。(3)歸納推理要以自然齊一律和普遍因果律為基礎，而這兩者並不具有客觀真理性。因為感官最多告訴我們過去一直如此，並沒有告訴我們將來仍然如此；並且，感官告訴我們的只是現象間的先後關係，而不是因果關係；因果律和自然齊一律沒有經驗的證據，只不過出於人們的習慣性的心理聯想。

　　自從休謨對因果關係的客觀性和歸納推理的必然性提出質疑以來，哲學家和邏輯學家不得不面對一些共同的問題：是否存在既具有保真性又能擴大知識的推理？歸納推理的合理性何在？進而言之，普遍必然的新知識是否可能？如何可能？人們已經提出了關於歸納合理性的各種辯護方案，例如先驗論、約定論和演繹主義、邏輯經驗主義者的「可證實性原則」和概率邏輯，波普的「可證偽性原則」和否證邏輯，賴欣巴赫等人對歸納的實用主義辯護等等。但這些辯護方案都存在這樣或那樣的問題，以致有這樣的說法：「歸納法是自然科學的勝利，卻是哲學的恥辱。」⑤

　　關於歸納問題，我本人所持的觀點包括否定的方面和肯定的方面。其否定的方面是：歸納問題在邏輯上無解，即對於「是否存在既具有保真性又能夠擴展知識的歸納推理？」這個問題，邏輯既不能提供絕對肯定的答案，也不能提供絕對否定的答案。在這個意義上，「休謨的困境就是人類的困境」；⑥這是因為該問題是建立在如下三

⑤ 洪謙主編：《邏輯經驗主義》，商務印書館，1989 年，第 257 頁。

⑥ Quine, W.V.: *Ontological Relativity and Other Essays*, New York; Columbia University Press, 1969, p.72.

個虛假的預設之上的：存在著不可修正的普遍必然的知識；把合法的推理侷限於有保真性的演繹推理，即對演繹必然性的崇拜，只能在感覺經驗的範圍內去證明因果關係的客觀性和經驗知識的普遍真理性。其肯定的方面包括：(1)歸納是在茫茫宇宙中生存的人類必須採取、也只能採取的認知策略，因此歸納對於人類來說具有實踐的必然性。(2)人類有理由從經驗的重複中建立某種確實性和規律性。(3)人類有可能建立起局部合理的歸納邏輯和歸納方法論，並且已部分地成為現實。(4)歸納結論永遠只是可能真，而不是必然真。並且，我還提出了一個全面的歸納邏輯研究綱領，包括發現的邏輯，（客觀）辯護的邏輯，（主觀）接受的邏輯，修改或進化的邏輯。⑦

⑦ 參見陳波〈休謨問題和金岳霖的回答──兼論歸納的實踐必然性和歸納邏輯的重建〉，《中國社會科學》，2001 年第 3 期。

第七章

現代邏輯的精髓

——形式化方法

形式化是現代邏輯最重要的方法，是它的特色之所在。其實質在於：完全撇開所使用的符號的意義，撇開該符號系統所適用的對象範圍，只憑藉明確給出的與符號的字形（結構）相關的語法規則構造形式系統，然後對如此構造的系統進行解釋。形式化把精確性、嚴格性、能行性和普遍性等等帶入理論研究之中，促使理論研究走向深化；但它也具有某些內在的侷限，如適用範圍的狹窄性，研究結果的嘗試性，作用程度的有限性等。

7.1　形式系統：語形學

形式化是將一套特製的人工符號（形式語言）應用於演繹體系以使其嚴格化、精確化的程序和方法。形式化總是使某一理論形式化，這是指把該理論中的概念轉換為形式語言中的符號，命題轉換為符號公式，定理的推演轉換成符號公式的變形，並把一個證明轉換成符號公式的有窮序列，從而把對理論中概念、命題、推理的研究，轉化為對符號表達式組成的形式系統的研究。它表現為一系列連續的操作，具體包括三大步驟：進行預備性研究、構造形式系統、對形式系統進行解釋。

7.1.1　預備性研究

我們創制特殊的人工符號語言，並用它構造形式系統，畢竟不是玩符號遊戲，而是帶有一定的目的，這表現在最後我們要對形式系統加以解釋，對其中的符號、公式、公式的變換賦以一定的意義，令它們表達一定對象域中的概念、命題和推理等。實際上，這種在形式系統構成之後加給它的解釋，在形式系統構造之前已部分地存在於構造者的觀念中。研究者所要形式化的那一理論本身，就構成了形式化的

直觀背景。於是就產生了這樣一個問題：假如所要形式化的理論本身的概念是模糊的，命題是有歧義的，命題之間的邏輯關係是混亂的，我們能夠將其成功地形式化嗎？回答只能是否定的。因為形式化只是把已有的研究成果組織為理論體系的方法，在沒有對問題作深入、細緻、周密的研究之前，就匆匆使用形式化方法，所得到的系統一定是空洞無物或者錯誤百出的，因而是無價值的。一套精巧、複雜的技術性架構，如果沒有深刻的思想支撐著，就是一堆毫無價值的精神性垃圾。普特南曾表達了類似的看法：「你可以通過討論『遞歸規則』和『語言共相』給傳統的錯誤穿上現代的服裝，但它們仍然是傳統的錯誤。語義理論的問題是要從下述局面中擺脫出來：將一語詞的意義看作是像一系列概念之類的東西；同時也不要對這種能夠使人誤入歧途的觀點加以形式化。」①因此，要把一個理論形式化，常常需要先進行一些預備性研究。例如澄清該理論中的概念與命題，消除它們的歧義與不精確之處，並弄清楚它們之間的邏輯關係，以便確定哪些概念、命題是基本的，哪些概念、命題是派生的，如此等等。任何成功的形式化，總是先要進行這一番梳理、廓清的工作。

7.1.2　構造形式系統

這是整個形式化程序中最為關鍵的一步。所謂形式系統，實際上是一個形式語言加上一套演繹裝置。所以，構造形式系統，就是先設計一個形式語言，然後為其配備演繹裝置，最後推出所需的全部定理。

 1.形式語言

可以這樣說，任何一個語言至少包含兩個構成因素：一是字母

---

① 馬蒂尼奇：《語言哲學》，第 599 頁。

表，它規定了本語言中所包含的全部字母，例如英語共有 26 個字母
（漢語中沒有字母表，類似於字母的是一個個漢字）：一是一套語法
規則，它規定如何由字母生成詞、由詞生成句子。一個形式語言恰好
包含了這兩個構成要素：字母表和形成規則。字母表規定了一形式系
統的初始符號，若要使用這些符號之外的符號，則要通過定義引進。
由字母表內的初始符號可以形成各種符號序列（串），形成規則規
定，哪些符號序列是合式的，哪些是不合式的，合式的符號串稱為合
式公式，簡稱公式。這裡以使用最廣的一階語言 L 為例，說明形式語
言的一般構造與性質。

一階語言L

I 字母表

(1) 個體變項：$x_1, x_2, x_3, \cdots\cdots$

(2) 個體常項（可能空）：$a_1, a_2, a_3, \cdots\cdots$

(3) 謂詞符號：F_{n_i}（$i, n \geq 1$）

(4) 函數符號（可能空）：f_{n_i}（$i, n \geq 1$）

(5) 聯結詞：$\neg, \rightarrow$

(6) 量詞：$\forall$

(7) 輔助性符號：$(,)$。

這裡，聯結詞和量詞構成 L 的邏輯符號，而個體變項、個體常
項、謂詞符號、函數符號一起構成 L 的非邏輯符號，其中 F_{n_i} 和 f_{n_i} 分別
表示第 i 個 n 元謂詞符號和第 i 個 n 元函數符號。

II 形成規則

L 的形成規則包括兩類，陳述如下：

1. 項的形成規則

(1) 個體變項和個體常項是項；

(2) 如果 f_{n_i} 是 L 的函數符號，並且 $t_1, \cdots, t_n$ 是 L 的項，則 $f_{n_i}(t_1, \cdots, t_n)$ 是項。

(3) 項僅由(1)和(2)生成。

2.公式的形成規則

(1) 如果F_n是 L 的謂詞符號，並且$t_1, \cdots, t_n$是 L 的項，則$F_{n_i}(t_1, \cdots, t_n)$是 L 的公式。

(2) 如果 A、B 是公式，則（¬A），（A→B），（$\forall x_i$）A 也是公式，（$\forall x_i$）A 中的x_i是任意的個體變項。

(3) 公式僅由(1)和(2)生成。

項（term）相當於一個語言中的詞，公式（formulae）相當於一語言中的句子，前面帶量詞的叫量化公式。在量化公式中，量詞後面的最短合式公式叫做該量詞的轄域。處在量詞轄域內的一切與量詞裡的變項相同的變項都被此量詞所約束，叫做約束變項；而不在任何量詞的轄域內，或雖在某量詞的轄域內但與該量詞內的變項不同的變項，則不為該量詞所約束，叫做自由變項。含有一個或多個自由變項的量化公式叫做開公式，不含任何自由變項的量化公式叫做閉公式。

需要指出的是，上述字母表中所引入的聯結詞¬，→以及量詞∀是功能完備的，足以表達一切一階語言的句子。但是，若通過定義在一階語言中引入聯結詞∧，∨，↔以及量詞∃將更為方便。因此，陳述有關的定義如下：

Ⅲ　定義

(1)（A∨B）=df（¬A→B）

(2)（A∧B）=df¬（A→¬B）

(3)（A↔B）=df（A→B）∧（B→A）

(4)（$\exists x_i$）A=df¬（$\forall x_i$）¬A

與自然語言相比，如此形成的形式語言具有一系列明顯的優點。人們日常所使用的語言，如漢語、英語、俄語、印第安語，就是自然語言。在一定範圍內，它們是人們之間基本的並且是通用的交往手段，也是形成、存貯、傳遞科學知識的適當手段，毫無例外地適用於人們的各種活動之中。但是，自然語言具有嚴重的缺點：(1)不精確，具有嚴重的歧義。例如，《現代漢語語典》中列明，「打」字分別可

以作動詞、量詞和介詞，其中作為動詞的「打」字就有 24 個義項。
自然語言語詞的這種多義性和歧義性常常成為謬誤推理的一個源泉，
例如「中國人是勤勞勇敢的，某某懶漢是中國人，所以，某某懶漢是
勤勞勇敢的。」(2)語法是複雜的、非單義的、甚至是有些混亂的。各
民族語言的語法系統同整個語言一樣，是在人類歷史發展過程中逐漸
自發形成的，即使在同一種語言內，也缺乏統一的、嚴格的、單義的
調節詞、詞組的規則，甚至存在著許多對現行規則的偏離，更別說規
則本身在各種語言中是非常不統一的了。所有這些就導致在自然語言
中，語言的語法結構和思想的邏輯結構之間不存在普遍且必然的一
致，使得語言有可能歪曲和臆造思想。(3)表達方式有時極其笨拙，例
如為了表達立方差

$$a^3 - b^3 = (a - b)(a^2 + ab + b^2)$$

它只能用這樣笨拙的形式：「兩個數的立方差等於兩項的乘積，
這兩項中的一項是這兩個數之差，而另一項是一個多項式，即第一個
數的平方，加上第一個數和第二個數的乘積，再加上第二個數的平
方」。有些更為複雜的科學公式，用自然語言是根本無法表達的。

但是，形式語言卻克服了自然語言的上述缺陷。儘管它也有某種
直觀背景，但一經創立出來，它就脫離了與直觀背景的一切聯繫，本
身除了用自己的形狀表達結構訊息之外，再不傳達任何意義訊息，因
此它是單義的；並且，它內部的詞（項）和句（公式）是由明確陳述
的句法規則遞歸生成的，不允許有對規則的任何偏離，因此它異常精
確；此外，由於它是人工創制的，人們通常選用一些相當簡短的符
號，這就使得結構簡明，書寫方便，表達能力極強，且容易理解。由
於具有這些優點，形式語言就成為表達精密科學知識的合適工具。

2.演繹裝置

一個形式系統的演繹裝置包括兩部分：一是作為演繹出發點的公理，一是指導演繹如何進行的變形規則。任何其他的形式系統都需要邏輯為其提供推理工具，因此都需要假定邏輯的形式系統，特別是要一階邏輯的形式系統。因此，這裡給出一階邏輯形式系統K，它是由一階語言 L 加下述演繹裝置構成的：

Ⅳ　公理

A1　A→（B→A）

A2　（A→（B→C））→（（A→B）→（A→C））

A3　（¬B→¬A）→（A→B）

A4　（∀x_i）A→A，如果x_i在 A 中不自由出現

A5　（∀x_i）A→A（t），如果 A（x_i）是 L 的公式，t 是 L 的項，且在 A（x_i）中對x_i自由。

A6　（∀x_i）（A→B）→（∀x_iA→∀x_iB），如果 A 中不包含變元x_i的自由出現。

Ⅴ　變形規則

分離規則：從 A 和 A→B 推出 B；

概括規則：從A推出（∀x_i）A，其中x_i是任意的個體變項。

在K中，證明、定理、演繹、後承等概念得到了嚴格的定義：

K 中的一個證明是L的一個有窮非空的合式公式序列A_1，…，A_n，使得對於每−i（1≤i≤n），A_i或者是K的公理，或者是由序列前面的公式經使用K的變形規則而得到。如果公式 A 是K中構成證明的某個序列的最後公式，則稱 A 是 K 中的定理，記作⊢$_k$A，該序列則是K中關於 A 的一個證明。

如果Γ是L的合式公式集，K中Γ的一個演繹是一個類似於證明的序列，所不同的是A_i可能是Γ中的公式。如果公式 A 是 K 中構成從Γ的一個演繹的某個序列的最後公式，則稱 A 為 K 中的公式集Γ的

一個後承，記作 $\Gamma \vdash_k A$，該序列則是從 Γ 到 A 的一個演繹。

例如，下述公式序列：

(1) $(A \to ((A \to A) \to A)) \to ((A \to (A \to A)) \to (A \to A))$

(2) $A \to ((A \to A) \to A)$

(3) $(A \to (A \to A)) \to (A \to A)$

(4) $(A \to (A \to A))$

(5) $(A \to A)$

就是 K 中的一個證明，因為其中的(1)為公理 A2，(2)為公理 A1，(3)由(1)、(2)經使用分離規則得到，(4)為公理 A1，(5)由(3)、(4)經使用分離規則得到，每一步都符合 K 中證明的要求，因此，（$A \to A$）就是 K 中的定理。

由此可以看出，K 中的證明完全變成了符號公式之間的變換，變換只涉及符號的形狀，而絲毫不涉及這些符號的意義。這實際上體現了形式化方法的實質：完全撇開所使用的符號的意義，撇開該符號系統所適用的對象範圍，只憑藉明確給出的與符號的字形（結構）相關的語法規則構造形式系統，然後對如此構造的系統進行解釋。在如此構造的系統中，符號與符號的關係得到了最嚴格、最精確、最充分的刻畫。

 ## 7.1.3　元邏輯研究

形式系統一經構造完成之後，本身立刻就成為研究的對象，成為對象理論。以形式系統為對象的理論稱為元理論。如果元理論的對象是邏輯形式系統，特別是一階邏輯形式系統，則稱這種元理論為元邏輯。形式系統內所使用的人工符號語言稱為對象語言，這種語言無法刻畫形式系統的性質，而且也不能說明它自身的性質。為了完成這種說明和刻畫，就需要一種區別於對象語言的語言，稱為元語言。元語言往往是自然語言加上特定的符號語言，在元理論研究中就要使用這

種語言。元理論是從語法和語義兩個角度研究形式系統的性質的。語法處理和研究形式系統內符號與符號之間的關係。邏輯語法包括兩部分：基本語法和理論語法。前者涉及形式系統的構造，它實際上規定了用形式化方法構造形式系統的程序：首先，給出該系統的字母表，其次是給出形式規則，再次是給出公理，最後是給出變形規則，剩下的工作就是根據變形規則從公理推出定理。理論語法則把構造好的形式系統本身作為研究對象，研究後者的一系列語法特性，諸如語法意義上的一致性、完全性、獨立性、可判定性等等。語法研究要使用語法元語言，例如我們前面陳述一階語言 L 的形成規則、公理、變形規則時，談到 L 的合式公式，我們使用了大寫字母 A、B、C 等，這些就是語法語言，通常所謂「矛盾式」、「合式公式」、「證明」、「可證」、「定理」、「演繹」等是典型的語法概念，用語法語言陳述的定理叫語法定理。語義處理和研究形式系統中符號和它所指稱、所刻畫的對象之間的關係。前已指出，我們構造形式系統是有某種直觀背景和預定目的的，而這目的之實現必須憑藉形式系統的解釋。解釋把形式系統與一定的對象域連接起來，從而賦予形式系統內的初始符號和公式以一定的意義。至此為止，原本沒有任何意義的形式系統就成為反映一定的對象領域的一個有內容的形式理論，形式化的目的在這時就算最後達到了。一旦進入意義領域，就開始了對於形式系統的語義學研究。這是關於形式系統的元理論研究的重要方面，它研究一形式系統是否具有語義的一致性、完全性、範疇性等問題。語義研究要使用語義語言，例如，「真」、「假」、「重言式」、「滿足」、「普遍有效」、「解釋」、「模型」等是典型的語義概念，用語義語言陳述的定理叫語義元定理。（與元定理相對應，用對象語言陳述的形式系統內的定理叫做內定理。）

總括起來，元理論要研究有關形式系統的下列問題：

1.形式系統是否具有一致性（或相容性）

一致性有語法和語義兩種含義。語義一致性是指：一切在這形式系統內可證的公式都是真的。或者說，該形式系統至少有一個模型。語義一致性又叫做可靠性（soundness）。語法一致性是指：並非任一合式公式都在這系統內可證；對於其語言中含有否定號「¬」的系統來說，這種說法等價於：不存在這樣的合式公式 A，A 和¬A 都在這系統內可證。因此，一致性（無論它是語法的還是語義的）不僅是指一形式系統中沒有邏輯矛盾，而且是指它不可能產生矛盾。附帶指出，從語義一致性可推出語法一致性。

2.形式系統是否具有完全性

完全性也有語法和語義兩種含義。語法完全性又有強的和弱的兩種意義。強完全性是指屬於一形式系統的每一公式或者是可證的，或者是不可證的；弱完全性是指，如果把一形式系統中不可證的公式加到公理之中，該系統必將導致矛盾。語義完全性則是指：一形式系統內所有與真命題相應的合式公式都在這一系統內可證。

3.形式系統是否具有可判定性

可判定性是與能行方法的概念分不開的。所謂能行的方法，就是每一步都由某種事先給定的規則規定了的、並且在有窮步內結束的方法。所謂能行可判定，是指對一類問題有一能行方法，對任給該類中的問題，能在有窮步內確定它是否有某個性質，或者任給一對象能在有窮步內確定它是否屬於該類。例如，對於形式系統，下述問題一般都是能行可判定的：任一符號是不是系統內的初始符號；任一符號有窮序列是不是系統內的公式；任一公式是不是公理；任一公式是不是從給定公式根據變形規則得到；任一公式的有窮序列是不是一個證明。但是下述問題，如任一公式是否可證、是否為一定理；任一公式

是否常真、是否普遍有效；任一公式是否可滿足，卻不是對每一個形式系統都是能行可判定的。

 ### 4.形式系統的公理集是否具有獨立性

獨立性就是相對於給定的變形規則的可推演性。一公式集合 M 是獨立的，如果 M 中的任一公式 A 都不能根據給定的推演規則從 M 中其他公式推演出來。

 ### 5.形式系統是否具有範疇性

範疇性只是相對於有模型並且有兩個以上的模型的形式系統而言的。具體來說，它是指一個形式系統的所有模型都是同構的，而兩個模型同構則是指：兩個模型的論域中的元素及其關係能夠保持一一對應。

在形式系統的上述元邏輯特性中，一致性是最重要的特性，它涉及到一個形式系統是否能夠成立的問題：因為不一致的形式系統包含邏輯矛盾，而按照邏輯定律，從邏輯矛盾可以推出任一命題，這就意味著在該系統內可接受的（真）語句和不可接受的（假）語句之間沒有任何區別，而這會毀掉一切科學，因此這樣的系統是沒有價值的。一致性之外的其他元邏輯特性是次一級的：完全性涉及到一個系統的推演能力，獨立性涉及一形式系統選擇公理時是否經濟，它們都帶有某種審美的意味。不過，也不能因此輕視它們，這些特性對於形式系統來說都是十分重要的，特別是完全性，能夠把某一範圍內的真命題全部推演出來的（即完全的）系統當然是最適用、最理想的。因此，既一致又完全的系統一直是邏輯學家追求的目標。

這裡，我們可以清楚地區分下述兩對概念：

形式化和符號化

所謂符號化，通常是指下述兩種情形之一：(1)是以使用自然語言

為主，同時也使用某些特製的人工符號去表示所討論的理論中特定的概念、命題甚至定理。這可以叫做初步的符號化，它有悠久的歷史，並幾乎應用於一切科學之中。(2)是指將所討論的理論中的概念、命題、推理分別全部轉換為人工符號、符號序列、符號序列的變換，並且這些符號及其序列還必須保持嚴格的結構聯繫。這可以叫做嚴格意義的符號化，即構造形式語言。顯然，符號化特別是嚴格意義的符號化是形式化的前提，但是前者並不就是後者，初步的符號化距離形式化還十分遙遠，即使是嚴格意義的符號化，也只是形式化過程的一個步驟、一個環節，只是形式系統的一個構成要素，形式系統是由形式語言和演繹裝置兩部份構成的。因此，把符號化等同於形式化是錯誤的。

形式化和公理化

所謂公理化，是指把一個科學理論構造成為公理系統的演繹方法，它至少包含以下步驟：(1)從該理論的諸多概念中挑選出一組初始概念，該理論的其他概念，都由初始概念通過定義引入，稱為導出概念；(2)從它的一系列命題中挑選出一組公理，而其餘的命題都應用邏輯規則從公理推演出來，稱為定理。應用邏輯規則從公理推演定理的過程稱為一個證明，每一個定理都須經由證明而肯定。由初始概念、導出概念、公理和定理構成的演繹體系，稱為公理系統。很顯然，形式化的前提是公理化，但又不等同於公理化，這是因為：有些公理系統的對象域是事先給定的，並且基本上是用自然語言加上特定的符號語言陳述的；而形式系統事先不假定任何論域，事後容許多種不同的解釋，並且全部是用人工構造的形式語言陳述的。所以，就其抽象化和符號化的程度而言，形式化比一般的公理化要高得多。可以這樣說，形式化是嚴格符號化與公理化相結合的產物，是公理化發展的高級階段。

7.2　形式系統：語義學

在對形式系統作出解釋時，通常分兩步進行：首先，為該系統的形式語言指定論域，並給出形式語言內個體常項、函數符號、謂詞符號在該論域中所分別代表的特指個體、函數運算以及性質或關係，這些結合在一起組成一個結構。然後，在此結構的基礎上再指定個體變項所代表的個體，這稱為指派。一個結構加上結構上的一個指派才構成一個完整的語義解釋（亦稱賦值）。下面以一階語言 L 的解釋為例，一般地說明結構、指派、滿足、解釋（賦值）、模型、真、假、邏輯有效等重要的語義學概念。

L 的一個結構是一個有序對 $U = <D，\tau>$，其中

(1) D 是非空集合，稱為結構 U 的個體域，記為 $|U|$；

(2) τ 是定義在 L 的非邏輯符號集上的一個映射，使得：

(i)對於 L 中的個體常項 c，τ 指派 D 中的某個特定個體；

(ii)對於 L 中的 n 元函項符號 f_{ni}，τ 指派 D 上的 n 元運算；

(iii)對於 L 中的 n 元謂詞符號 F_{ni}，τ 指派 D 中個體的性質（當 n ＝ 1 時）或個體間的 n 元關係（當 n ＞ 1 時）。

L 的結構確定之後，L 的任何一個不含個體變項的公式就有了確定的意義，並有了確定的真假。但是，對於一個含個體變項的 L 公式，還需要對其中的個體變項作為解釋。於是，我們有：

結構 U 上的一個指派是指這樣一個映射

$$\rho：\{x_1，x_2，x_3，\cdots\cdots\} \to |U|$$

即是說，ρ 對 L 中的每一個個體變項 $x_i(i \geq 1)$，ρ 指派 D 中的某個個體。

然後，把結構 U 和指派 ρ 組合起來，就得到 L 的一個完整的語義解釋：

一個 L 賦值（亦稱解釋）是指這樣一個有序對 $\sigma = <U，\rho>$，其中 U 是一個 L 結構，ρ 是 U 上的一個指派。

在賦值 σ 下，任一 L 項 t 或公式 α 都獲得了確定的值，我們用 $\sigma(t)$ 和 $\sigma(\alpha)$ 表示 t 或 α 在賦值 σ 下的值。若用 u^σ 表示非邏輯符號 u 在 $\sigma = <\sigma U，\rho>$，下的值，也就是由 U 中的 τ 指定給 u 的值，則任一 L 項 t 在賦值 σ 下的值 $\sigma(t)$ 可遞歸定義如下：

(i)對於 L 的任一個體變項 x_i，$\sigma(x_i) = \rho(x_i)$，$i \geq 1$。

(ii)對於 L 的任一個體常項 a_i，$\sigma(a_i) = (a_i)^\sigma$，$i \geq 0$。

(iii)對於 L 中的 $f_{n_i}(t_1, \cdots, t_n)$，$\sigma(f_{n_i}(t_1, \cdots, t_n)) = (f_{n_i})^\sigma(\sigma(t_1)，\cdots，\sigma(t_n))$，其中 f_{n_i} 是 L 中的 n 元函數運算，$t_1, \cdots, t_n$ 是 L 的任一項，$i，n \geq 0$。

由於公式的值是真值，我們用 {T，F} 代表真值集，其中 T 代表真，F 代表假。於是，任一 L 公式 α 在賦值 σ 下的值 $\sigma(\alpha)$ 可遞歸定義如下：

(i)$\sigma(F_n(t_1, \cdots, t_n)) = T$ 若且唯若 $<\sigma(t_1)，\cdots，\sigma(t_n)> \in (F_{n_j})^\sigma$，即是說在 D 中 $\sigma(t_1)，\cdots，\sigma(t_n)$ 具有 $(F_{n_i})^\sigma$ 關係。

(ii)$\sigma(\neg B) = T$ 若且唯若 $\sigma(B) = F$。

(iii)$\sigma(A \rightarrow B) = T$ 若且唯若 $\sigma(A) = F$ 或者 $\sigma(B) = T$。

(vi)$\sigma((\forall_{x_i})A) = T$ 若且唯若每一個與 i 等價的賦值 σ'，$\sigma'(A) = T$。這裡，兩個賦值 σ 和 σ' 是 i 等價的，是指對於每個 $j \neq i$，都有 $\sigma(x_j) = \sigma'(x_j)$。也就是說，賦值 σ 和 σ' 除可以對個體變元 x_i 指派不同的值（即 $\sigma(x_i)$ 和 $\sigma'(x_i)$ 可以不同）以外，對其他任何個體變項，σ 和 σ' 都指派相同的值。

在這樣的賦值 σ 之下，L 的每一公式都具有了確切的含義，並且具有確定的真值。如果有賦值使一個公式為真，我們稱該公式為可滿足的；如果一公式對於任意結構中的任意指派（即任意賦值）都是真的，我們稱此公式為常真公式，或普遍有效式，或永真式。反之，如果一公式對於任意結構中的任意指派都是假的，即沒有任何賦值使其

為真，則稱它為矛盾式，或不可滿足式，或永假式。顯然，常真公式總是可滿足的，而矛盾式則總是不可滿足。

於是，一個形式系統內的公式相對於某些確定的或任意的解釋（賦值），就被區分為(1)可滿足的，(2)不可滿足的，(3)邏輯有效的（邏輯有效的公式都可滿足）。通常把使某一公式為真的那個（或那些）解釋稱為該公式的模型，因此，凡可滿足的公式至少有一個模型；凡不可滿足的公式沒有任何模型；凡邏輯有效的公式有不只一個模型。同理，相對於某些或任意的解釋來說，公式集也可以區分為(1)可滿足的，(2)不可滿足的，(3)邏輯有效的。一公式集是可滿足的，若且唯若，至少有一個特定的解釋使得此公式集中的所有公式同時為真；一公式集是不可滿足的，若且唯若，沒有任何解釋使得該公式集的所有公式同時為真；一公式集是邏輯有效的，若且唯若，任意的解釋都使得該集內的所有公式同時為真。同理，使得一公式集為真的解釋被稱為該公式集的模型，因此可滿足的公式集有模型，不可滿足的公式集無模型，邏輯有效的公式集有不只一個模型。

實際上，一形式系統就等同於它的可證公式集。於是，對於形式系統，我們可以考慮下述問題：它的可證公式集是可滿足的還是不可滿足的？抑或是邏輯有效的？如果一形式系統的全部可證公式都是邏輯有效的，則稱該系統是可靠的。由於可靠的形式系統有不只一個模型，假如它的所有模型都同構的話，則該系統又是範疇性的。反過來，如果凡邏輯有效的公式都是某一形式系統的可證公式，則稱該形式系統是完全的。既可靠又完全的系統是最令人滿意的。已經證明，一階邏輯系統 K 就是一個這樣的系統。

7.3　形式化方法的作用和限度

7.3.1　形式化的必要性

　　第一，形式化為科學研究提供了一種新的視角和新的思考方式。

　　可以說，把語言、定理、理論區分為不同的層次，並要在較高的層次（n+1）上去討論、敘說或斷定較低層次（n 層）的一般性質，這是形式化研究的一個極其重要的成果。這一成果的方法論意義就在於，要求我們大力開展元理論研究，這裡的「元」（meta-）是指「在……之後」、「次一層」或「超越」的意思。元研究就是以某一理論自身作為研究對象的次一層的研究，關於對象理論的各種研究及其結果構成元理論，還可以對元理論本身進行研究，構成元元理論，……。這種元研究與對象理論內部的研究相比，意義更為重大，因為後者只是在對象理論之內解難題、補漏洞，以使對象理論更趨成熟和完善，它並不對對象理論本身、對這些難題本身的價值提出懷疑，這就很難導致對象理論研究在根本性前提上實現重大層次躍遷。而元研究則把鋒芒對準對象理論本身，它使我們能在更廣闊的視野中，重新審查對象理論的對象、性質、根基及其正當性、有效性等等，從而使我們能夠不斷地調整或修正對象理論的研究，使對象理論研究減少盲目性，以便更為成功和有效。因此，由形式化派生出的這種元研究方式就為一切其他科學，包括自然科學、哲學和人文社會科學，提供了一種新的視野和新的研究方式。其他科學領域已經明顯受到了這種研究方式的影響，數學領域有元數學，哲學領域內元研究方興未艾，例如有元哲學、元倫理學、元美學等，其中元倫理學最為完善，幾乎成為當代倫理學研究中最主要的傾向和派別。有人認為，一門學科的重

大變革，首先是在元科學層次上的變革，隨後才是該門學科中基本問題的轉換。「哲學需要元理論」。②我同意這種看法。

第二，形式化有助於提高一個理論的嚴格性和精確性，有助於排除理論思維中的謬誤。自然語言本身具有一系列嚴重的缺陷，例如不精確，語義模糊，充滿歧義，語法關係很不嚴格，這就使得用它表述的概念和命題很可能被誤解和誤用；並且，用自然語言表達的推理常常是結合內容和意義的，在形式上很不嚴格，有可能發生這樣的情況：在推理過程中暗中假定或使用了另外一些其正確性有待證實的前提或規則，而後者往往成為思維謬誤的一個源泉。上述現象在形式化系統中是不可能出現的，這是因為：(1)形式系統的語言排除了任何模糊性和歧義性。形式系統一開始就陳述它的字母（初始符號），這種字母是特製的符號語言，除了用自己的形狀表達結構訊息外，不再具有任何意義，因而是單義的；並且，它明確規定了例如由字母生成詞（項）、由詞生成句（公式）的句法規則，這些規則是遞歸定義的，即明確規定了在一步做了之後下一步如何做。(2)形式系統內的證明或推導是極其嚴格的，以 K 的「證明」概念為例：「K 中的一個證明是一個合式公式的有窮序列$A_1, \cdots, A_n$，其中每一$A_i(1 \leqslant i \leqslant n)$或者是一公理，或者是一已證的定理，或者是由先前的公式經使用變形規則得到。」因此，這就排除了使用任何暗含前提或未明確陳述的規則的可能性。(3)形式系統一般能在有窮步內判定：一個符號是否為初始符號，一個符號序列是否為公式，一個公式是否為公理，一個公式是否能從給定公式利用變形規則得到，一個有窮長的公式序列是否為一證明。即使形式系統使用了非初始符號、非公式、非公理、非系統的變形規則，利用判定程序也很容易查明並立即排除。因此，模糊和歧義（不精確），使用暗含的前提和未明確陳述的規則（不嚴格）的錯

② 李光程：《哲學究竟是什麼？》，《哲學研究》1987 年第 12 期，第 22 頁。

誤，在形式系統中是不會出現的，在精確性和嚴格性方面形式系統堪稱典範，把一個成熟的科學理論表述為這樣的形式系統，當然是極有好處的。

這裡以中國某一時期的哲學研究為例，可以看出在精確性和嚴格性方面確實存在的許多弊端。例如，搞哲學的幾乎誰都知道，列寧曾把概念、範疇比作人們認識和掌握自然現象之網的網上紐結，它區分著人類認識世界的過程中的一些小階段。但是天知道人們有時賦予同一個「網上紐結」以多少或多麼不同的意義，這只要反思一下改革開放初期關於「真理有無階級性」的大討論就夠了。有人說，真理是客觀的，沒有階級性；有人說，自然科學的真理沒有階級性，而社會科學的真理有階級性；還有人說，真理本身包含有謬誤的內容；更有這樣的推理：「馬克思主義是有階級性的，而馬克思主義是真理，所以有些真理是有階級性的。」仔細分析一下就會發現，人們是在多少和多麼不同的意義上使用「真理」、「階級性」等概念。再如，辯證唯物主義有一條最基本的原理：事物都是普遍聯繫的，嚴格的分析表明，這一命題是有歧義的，它至少容許以下六種強弱不同的解釋：(1)所有的事物與所有的事物相聯繫；(2)所有的事物與有些事物相聯繫；(3)所有事物與某個事物相聯繫；(4)有些事物與所有事物相聯繫；(5)有些事物與有些事物相聯繫；(6)某個事物與某個事物相聯繫。「事物都是普遍聯繫的」這一原理究竟說的是哪一種意義？還有，時下的許多哲學論著幾乎有一個通病：缺乏論證性，其中充滿了新名詞、新概念、新材料，雲山霧罩，而遇到一些十分關鍵的思想，卻輕描淡寫，幾筆帶過，並且時常可見內容混雜、重疊、甚至衝突之處。無論怎樣辯解，上述弊端絕不是一個好的哲學理論所應當具有的。馬里奧·邦格曾提出：自 19 世紀以來，唯物主義沒有取得進步，「這部分地是由於它無視現代邏輯並拒絕向對立的哲學學習。」「大多數唯物主義哲學家都只說日常語言，從而必然只能以一種不精確的方式來表達自己的觀點——他們很少考慮以一種令人信服的方法對自己的觀點進行

論證。」他認為，「哲學研究應當系統地、精確地和科學地進行，而不能採用文學的描述方式。」③我認為，馬里奧‧邦格的意見是值得重視的。哲學的本性在於愛智慧，它是說理的，理所當然地應當加強論證性，使其逐步精確化、嚴格化。應該認識到，精確化、嚴格化不僅僅是組織觀點與材料的寫作方式問題，而是把哲學思考引向深刻化、正確化的途徑與方法。這是因為：(1)嚴格化、精確化必須以哲學思考的周密化、細緻化為前提，而周密、細緻思考的結果往往導致哲學思想的全面與深刻；(2)有些哲學理論泛泛而論可能十分動聽、十分在理，但是一旦要使其嚴格化、精確化，與其他觀點處於有機統一之中，往往就會發現它漏洞百出，有些甚至根本不能成立，糾正錯誤則導致哲學思考的正確化。因此，形式化作為現代邏輯最重要的方法，完全有必要應用於哲學研究，以促使後者走向精確化和嚴格化。

第三，形式化有助於揭示一個理論的概念、範疇、命題的潛在邏輯含義及其相互之間的潛在邏輯關係，從而促使理論研究走向深入。

例如，在非形式化理論中，通常也要分析相關概念、範疇的潛在邏輯含義，也要進行推理，理清相應命題之間的邏輯關係，以把這些概念、範疇、命題構成有機的理論體系。但是，這種分析和推理的鏈條常常是很短的，最多也就是三、四個層次或三、四步。而在形式化系統中，推理的鏈條在原則上可以無限延伸，因而可以得出無數條新定理，這就可能造成下述結果：原先沒有意識到或模糊地意識到的邏輯涵義和邏輯關係現在被明確地、充分地揭示出來了；原先以為沒有邏輯關係的，現在被證明是有關係的；或者，原先認為邏輯上一致、相容的，現在可能揭示出其潛在的邏輯矛盾，如此等等。這樣一來，科學研究無疑就被大大向前推進了。例如，義務、允許、禁止、承

③〔加〕馬里奧‧邦格：《科學的唯物主義》，上海人民出版社，1989 年，第 4-5 頁，第 22-31 頁。

諾、應該等概念是倫理學所要研究的，新興的道義邏輯就是以包含這些概念的語句的邏輯特性和推理關係為對象的，它導出了許許多多有關這些概念的新定理，這些定理有助於把模糊的倫理學概念精確地加以規定，並且把它們潛在的含義和關係闡發清楚。並且，道義邏輯還觸及到一些深刻的倫理學問題，例如義務、允許、禁止與必然、可能、不可能的關係，義務的相對性和條件性，義務和倫理規則的關係，倫理規則集的層次性，義務的衝突與矛盾及其克服等等。所以，道義邏輯一方面為倫理學研究提供了工具，另一方面又深化了倫理學研究。

第四，　形式化有助於不同觀點的比較和辨識，為不同觀點之間的交流、討論、批判提供了前提和基礎。

當一種觀點以一種大而統之、簡而化之的方式提出時，幾乎不能與其他觀點比較，因為它不具有確定的形式，彈性較大，就像一條滿身黏液的泥鰍捉不住。但一旦利用形式化方法使其精確化和嚴格化之後，就可以進行相互比較和相互批判，弄清楚它們之間的真實關係。例如，哲學家們對於時間有各種各樣的看法和觀點。例如，認為時間是有始有終的，或有始無終的，或無始有終的，或無始無終的，又認為時間是不可分的、或無限可分的，連續的或離散的，還認為時間是一維決定的，或多維非決定的等等。作為哲學邏輯一支的現代時態邏輯，就從上述各種不同的哲學觀點出發，構造了各種不同的時態邏輯，例如線性時態邏輯，枝形時態邏輯，無端點線性（或者枝形）時態邏輯，稠密無端點線性（或者枝形）時態邏輯，離散無端點線性（或者枝形）時態邏輯，這些不同的時態邏輯分別刻劃著不同的時間觀，但由於這些邏輯是嚴格構造的形式系統，因而它們之間的關係是十分清楚的，而這在直觀、樸素的觀點中是根本做不到的。

7.3.2 內在的侷限

形式化並不是普遍的和萬能的研究方法，相反，它是具有很大侷限性的，具體表現在：

第一，適用範圍的狹窄性。這主要是指：(1)並不是一切理論都能夠被形式化。前已指出，只有那些發展得比較成熟、邏輯關係比較清晰的理論才可能形式化，而那些發展得很不成熟、邏輯關係十分混亂的理論是無法形式化的。正因如此，我才反覆強調，在把一理論形式化之前，先要進行一番預備性研究工作，考訂其中概念、命題的精確涵義，理清它們之間的邏輯關係。若是比較成熟的理論，這種預備性研究所花力氣就會較小，並較容易取得成功。相反，若一個理論很不成熟，那麼首要的任務就不是形式化，而是對它所面臨的難題和困境本身進行研究，促使其成熟。並且，只有那些自足的理論，即那些圍繞一特定的主題，邏輯上層層展開，自我表達、自我論證的理論才適於形式化，而那些以論戰性為主的論著是不適於形式化的。(2)並不是一個理論的一切方面都能夠形式化。形式化只適於考究一個理論中概念或命題的形式方面和以嚴格意義上的邏輯方面為內容的那些問題，具體地說，它只能在下述三點上起作用：(i)更嚴格、更精確地限定概念、命題的涵義，(ii)更清晰地展示概念、命題之間的邏輯關係，(iii)盡可能多地展開它們的邏輯推論，以揭示概念、命題的潛在邏輯涵義。形式化對除此之外的其他方面是無能為力的。例如，以哲學理論為例，形式化並不過問：究竟是物質第一性，還是精神第一性？整個世界是聯繫和發展的，還是孤立和靜止的？等等。但形式化處理這樣的問題：如果物質是第一性的，我們能夠由此推出什麼？這一命題的邏輯後承有哪些？很明顯，形式化的適用範圍是比較狹窄的。

第二，研究結果的嘗試性。這是指，應用形式化方法所得到的形式理論，只是一種暫時性和嘗試性的理論。雷謝爾指出：「這是毫無

疑義的,科學理論從來不具有最終的和絕對的確定性,總是受到新的
事實材料的反駁或修正;科學理論總是由新的和反駁性的觀察所左
右。同樣,運用形式化方法所建立的任何系統,如果與新發現的事實
不相符合,即導致了迄今為止未預見到而直觀上又是不可接受的結
果,就會被推翻。的確,無論這種理論同我們對所研究領域的非形式
理解多麼一致,不一致的可能性永遠不會完全被排除。我們的邏輯的
和概念的預見力從來不會如此敏銳,以致概念的系統化理論可能導致
不可接受的結果,這樣一種偶然性會從可能性的領域中消失。」④馬
里奧‧邦格也提出,形式化確實使哲學理論增加了嚴格性和精確性,
但精確性並不能保證正確性,而是使我們易於發現錯誤並改正它;精
確性也不能保證深度和重要性,而是使我們有可能對哲學理論進行合
理的檢查,以診斷問題和困難的確切來源,同時也為它們的解決提供
方法。⑤在我看來,形式理論的嘗試性有兩個來源:(1)依據形式化方
法,每一具體的研究都依賴於對非形式系統進行形式系統化,然而,
在關於任何對象的非形式思想中,在相關性、一致性和清晰性方面總
存在著某種程度的鬆散性和薄弱性,甚至其基本命題、基本觀點本身
就是錯誤的。基礎中的這種鬆散性或可能的錯誤必然要反映為作為結
果的系統化理論的暫時性。(2)在構造形式系統時,在形式語言和演繹
裝置的設計與選擇上存在問題。具體來說,形式系統所選擇的初始概
念和公理可能不是被形式化理論中最基本的概念或命題,或者其涵義
不同於它們的原型在被形式化理論中的涵義,或者形式系統的推理規
則選擇不當,其中有些規則的推演能力太強或過弱。這就可能造成下
述結果:被形式化理論中的許多概念和命題,在相應的形式理論中並
未被派生或推導出來;形式化理論的概念、命題嚴重偏離被形式化理

④ Rescher, N.: *Topics in Philosophical logic,* Dordrecht: Reidel, 1968, pp.332-341.
⑤ 馬里奧‧邦格:《科學的唯物主義》,第 4 頁。

論，以至於前者和後者不相干，即不能把前者看成對後者的適當形式化；在形式理論中出現了被形式化理論中不存在的悖論性結果，如此等等。因此，形式化理論也是一種嘗試性理論，其中的命題和定理是可錯的。

第三，作用程度的有限性。這是指，形式化方法並不是法力無邊的，它對於某些問題是無能為力的。具體來說，對於足夠複雜的形式系統 S 而言，(1)如果 S 是邏輯上無矛盾的，則 S 必然是不完全的，即並非所有的真命題都在 S 中可證；(2)必然是不可判定的，即不存在可以用來判定其中的任一命題是否可證的算法；(3)它的真概念在本系統中是不可定義的。哥德爾不完全性定理，丘奇─圖林的不可判定性定理和塔斯基的真概念不可定義性定理，分別表達了形式系統上述三個方面的侷限性。哥德爾於 1931 年證明：(1)一個形式系統 S 如果包括形式算術系統作為子系統，它就是不完全的，即存在一個語句 A，A 和¬A 在 S 中都不可證。這被稱為第一不完全性定理，它有一個系理，即(2)如果這樣的系統是一致的，那麼其一致性在系統內不可證。這被稱為第二不完全性定理。上面提到的形式算術系統是指自然數算術理論的形式化，它是由帶等詞的一階邏輯系統再加上表示自然數算術所必要的初始符號、公理、規則之後所得到的形式系統。最近有人證明，在作為哲學邏輯一支的模態邏輯中，存在著無窮多個不完全的正規模態系統。丘奇於 1936 年證明：如果形式算術系統是一致的，那麼它就是不可判定的，即沒有一個機械的程序去判定任一合式公式是否可證。顯然，既然形式算術系統就是不可判定的，那麼，任何包含形式算術系統作為子系統的系統也是不可判定的。作為這一定理的系理，丘奇還證明：一階邏輯也是不可判定的。圖林於 1937 年也證明了這一結果。塔斯基於 1933 年證明：在像形式算術系統這樣豐富的系統中，我們不能定義這一系統內命題的真假等語義學概念。既然在形式算術系統都不能定義該系統的真概念，任何包含形式算術系統作為子系統的形式系統更是無法在自身中定義本系統的真命題。這三大

定理以嚴格的數學證明的形式，充分揭示了由形式化方法得到的形式系統的侷限性，因此被稱為侷限性定理。

　　以上說明，形式化只是科學研究的一種重要的輔助性方法，必須注意把它與其他研究方法配合使用，共同為我們的研究工作服務。相反，如果誇大形式化的作用，把它看作是一種普遍的、萬能的研究方法，用它去取代其他的科學研究方法，則是錯誤的。因此，下述的告誡是值得認真注意的：「當前也要注意一種潛伏的暗流。對哲學的種種領域存在作成功的邏輯分析的可能性，可能吸引人們把對具有本質意義的重要問題的注意，轉向安逸地尋求某些細微末節的小問題。他們可能放棄對某些尚未梳理清楚的哲學領域作艱苦卓絕的探索，而對某些本質上是平凡的問題做過分精湛的邏輯分析。」⑥

---

⑥ 朱水林：《現代邏輯引論》，上海人民出版社，1989 年，第 9 頁。

第八章

如何使你的概念更清晰，思維更敏銳，論證更嚴密？

——批判性思維

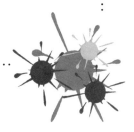

　　亞里斯多德是所謂的「大邏輯」傳統的開啟者。由於他把邏輯視為一切科學的工具，他幾乎涉及到人類思維的所有方面，討論了範圍廣泛的邏輯問題，例如概念、範疇問題，直言命題，模態命題，直言三段論，模態三段論，證明的理論與方法，歸納方法，論辯與修辭，謬誤及其反駁，思維規律，並且也涉及到複合命題及其推理。在 19世紀以前，在邏輯學的研究特別是教學中，一直延續著這種大邏輯傳統。在 19 世紀末 20 世紀上半葉，隨著數理邏輯的創立，這種「大邏輯」傳統逐漸被邊緣化，邏輯課堂上占主導地位的是形式化的數理邏輯。但是，後一種教學方式也顯露出一些嚴重的缺陷，因為對於一般大學生來說，他們學邏輯的目的是要有助於他們的日常思維。但符號化的數理邏輯與人們的日常思維的關係不那麼直接、明顯，並且又比較難學。於是，學生和教師們都感到有必要對邏輯教學進行改革，甚至提出了這樣的口號：邏輯教學應該「與人們的日常生活相關，與人們的日常思維相關」。首先是在北美，進而在世界範圍內出現了一種開設批判性思維課程、編撰批判性思維教材的「新浪潮」（new wave），他們辦有國際性雜誌，經常召開相關的國際會議，這方面的研究論著和教科書也如雨後春筍般出現。美國哲學學會制定的哲學教育大綱指出，主修哲學的學生可以學兩種邏輯課程，一是符號邏輯，另一是批判性思維。如果一名學生主修哲學但以後並不打算以哲學為職業，則選修「批判性思維」足矣。據初步統計，目前在美國大學特別是哲學系中，開設「批判性推理」課程的占到 40% 以上。與傳統的邏輯教學有所不同，批判性思維重點關注的，是如何識別、構造、特別是評價實際思維中各種推理和論證的能力。更具體地說，它要求給出一個人信念或行動的各種理由。分析、評價一個人自己的推理或論證以及他人的推理或論證，設計、構造更好的推理或論證。其核心理論是：定義理論，論證理論，謬誤理論。批判性思維已經成為美國許多能力性測試——如 GRE，GMAT，LSAT 等——中邏輯推理部分的理論基礎。

8.1　定義理論

8.1.1　定義及其作用

定義的對象是語詞或者概念，有時也包括命題。如前所述，語詞或概念都有內涵和外延，定義就是以簡短的形式揭示語詞、概念、命題的內涵和外延，使人們明確它們的意義及其使用範圍的邏輯方法。例如，以下句子都是定義：

飛機是由動力裝置產生前進推力、由固定機翼產生升力、大氣層中飛行的重於空氣的航空器。

光合作用是綠色植物利用葉綠素吸收日光所進行的碳營養過程。

$A \subseteq B$，若且唯若，對任一 x，如果 $x \in A$，則 $x \in B$。

定義包括三個部分：被定義項、定義項和定義聯項。被定義項就是在定義中被解釋和說明的語詞、概念或命題。定義項就是用來解釋、說明被定義項的語詞、概念或命題。定義聯項是連接被定義項和定義項的語詞，例如「是」、「就是」、「是指」和「若且唯若」等。歸結起來，定義的結構大致可以寫成下述公式：

D_s 就是 D_p

這裡，D_s 代表被定義項，D_p 代表定義項，「就是」代表定義聯項。

在我們的日常思維中，定義是被普遍使用的一種邏輯方法。之所以如此，是因為：(1)通過定義，人們能夠把對事物的已有認識總結、鞏固下來，作為以後新的認識活動的基礎。這是定義的綜合作用。(2)通過定義，人們能夠揭示一個語詞、概念、命題的內涵和外延，從而明確它們的使用範圍，進而弄清楚某個語詞、概念、命題的使用是否合適，是否存在邏輯方面的錯誤。這是定義的分析作用。(3)通過定義，人們在理性的交談、對話、寫作、閱讀中，對於所使用的語詞、概念、命題能夠有一個共同的理解，從而避免因誤解、誤讀而產生的無謂爭論，大大提高成功交際的可能性。這是定義的交流作用。

 ## 8.1.2 定義的種類

根據不同的標準，定義可以區分為不同的類型。例如，語詞、概念都有內涵和外延，因此，要明確一個語詞或概念，既可以從內涵角度著手，也可以從外延角度著手，於是有「內涵定義」和「外延定義」；被定義項可以是某個語詞、概念所代表、所指稱的事物、對象，也可以僅僅是該語詞本身，於是有「真實定義」和「語詞定義」。

 ### 1.內涵定義

即揭示一個語詞、概念的內涵的定義。而一個語詞、概念的內涵，則是該語詞、概念所反映、代表、指稱的對象的特有屬性或本質屬性，通過這些屬性，能夠把這類（或這個）對象與其他的對象區別開來。

屬加種差定義

最常見的內涵定義形式。如果一個概念的外延全部包含在另一個概念的外延之中，而後者的外延並不全部包含在前者的外延之中，則

這兩個概念之間就具有屬種關係，前一概念是後一概念的種概念，後一概念則是前一概念的屬概念。例如，「人」這個概念就是「動物」這個概念的種概念，而人與其他的動物種類的區別就叫做「種差」。下定義最常用的方法，就是找出被定義概念的屬概念，然後找出相應的種差，並以「被定義項＝種差＋屬」的形式給出定義。例如：

人是會語言、能思維、能夠製造和使用勞動工具的動物。

哺乳動物就是以分泌乳汁餵養初生後代的脊椎動物。

微型計算機是由一塊或幾塊大規模集成電路構成的計算機，體積小巧，價格低廉，可靠性高。

社會學是通過研究社會關係和社會行為，探討社會協調發展和良性運行的條件和規律，為人們提供認識社會、管理社會和改造社會的知識和方法的綜合性學科。

從不同的認識需要和認識角度出發，事物之間會顯現出不同的差別，並且其中許多差別都能夠把不同類的事物區別開來。因此，屬加種差定義就有多種多樣的表現形式：

發生定義

從被定義概念所反映、代表、指稱的事物的發生、來源方面來揭示種差的定義形式。例如：

圓是在平面上繞一定點作等距離運動所形成的封閉曲線。

水是由氫原子和氧原子化合而成的化合物。

核能，亦稱原子能，指在核反應過程中，原子核結構發生變化所釋放出來的能量。

功用定義

以某種事物的特殊用途來作為種差的定義形式。例如：

電子計算機是具有自動和快速地進行大量計算和數據處理功能的電子設備。

粒子對撞機是一種通過兩束相向運動的粒子束對撞的方法提高粒子有效相互作用能量的實驗裝置。

關係定義

以事物之間的特殊關係來作為種差的定義。例如：

原子量就是一個原子的重量與氫原子的重量相比的數量。

素數，亦稱「質數」，指只能被 1 和自身整除的大於 1 的自然數。

叔叔是指與父親輩分相同而年齡較小的男子。

除屬加種差定義外，內涵定義還有其他一些形式，如：

操作定義

通過對一整套相關的操作程序的描述來對被定義項下定義。例如：

x 是酸類，如果將 x 與石蕊試紙接觸，石蕊試紙就呈現出紅色。

商標註冊，是指使用人將其使用的商標依照《商標法》以及《商標法實施細則》規定的註冊條件、程序，向商標管理機關提

出註冊申請，經商標局依法審核批准，在商標註冊簿上登錄，發
給商標註冊證，並給予公告，授予註冊人以商標專用權的法律活
動。

語境定義

指不屬於屬加種差定義的關係定義，對於有些關係概念，常常採
取、有時候也只能採取這種定義形式。例如：

> x 是一位祖父，若且唯若，存在一個 y，並且存在一個 z，x
> 是 y 的父親，並且 y 是 z 的父親。
>
> $(A \rightarrow B) = df(\neg A \vee B)$

2.外延定義

通過列舉一個概念的外延，也能夠使人們獲得對該概念的某種理
解和認識，從而明確該概念的意義和適用範圍。因此，外延定義也是
一種常用的定義形式。

窮舉定義

如果一個概念所指的對象數目很少，或者其種類有限，則可以對
它下窮舉的外延定義。例如：

> 氧族元素是指氧 O、硫 S、硒 S_e、碲 T_e、迹 P_o 五種元素。
> 太陽系行星包括水星、金星、地球、火星、木星、土星、天
> 王星、海王星和冥王星。
> 有理數和無理數總稱「實數」。

例舉定義

屬於一個概念的外延的對象數目很大，或者種類很多，無法窮盡的列舉，於是就舉出一些例證，以幫助人們獲得關於該概念所指稱的對象的一些了解。例如：

中國的少數民族有藏族、維吾爾族、蒙古族、回族、壯族、土家族、苗族等。

什麼是自然語言？例如漢語、英語、俄語、德語、日語、朝鮮語都是自然語言。

實指定義

通過用手指著某一個對象，從而教會兒童去認識事物和使用語言，這樣的方法常被叫做「實指定義」（ostensive definition）。例如，指著鼻子叫兒童說「鼻子」，摸著耳朵叫孩子說「耳朵」，拍著桌子叫孩子說「桌子」。顯然，這只是一種比喻意義上的定義形式，有很多缺陷。

內涵定義和外延定義常常合在一起使用，例如，先給出某個概念的一些或全部內涵，再列舉該概念的一些或全部外延。例如：

基本粒子是迄今所知、能夠以自由狀態存在的所有最小物質粒子的統稱，包括電子、中子、光子等，它們構成宏觀世界的一切實物以及電磁場。

3.語詞定義

語詞定義的對象是語詞，常常涉及該語詞的詞源、意義、用法

等，而不涉及該語詞所代表、指稱的事物和對象。可以區分出如下類型：

報道定義

是對被定義語詞既有用法的報道或說明。例如：

太一，中國古代哲學術語。「太」是至高至極，「一」是絕對唯一的意思。《莊子·天下》稱老子之學「主之以太一」。「太一」是老子《道德經》中所說的「道」的別稱。

胡：①古代泛稱北方和西方的少數民族，如「胡人」；②古代稱來自北方和西方少數民族的東西，也泛指來自國外的東西，如「胡琴」，「胡桃」，「胡椒」；③百家姓之一種。

約定定義

有時候為了便於交流，需要發明新詞，或者需要使用縮略語，這都要求對該新詞或縮略語的意義有所規定。例如：

IF 邏輯，是英語詞「Independence-friendly First-Order Logic」的縮寫，由當代著名邏輯學家雅可·亨迪卡（Jaakko Hintikka）提出的一種非經典邏輯。

因特網，英語詞「internet」的音譯加意譯，指通過軟體程序把世界各地的電腦連接起來，以便於資訊資源的共享。

修正定義

其中既有報道性成分，也由約定或規定性成分，在法律、法規等政策性文件中用得比較多。例如，為了便於操作，有關條例對「發

明」一詞作了如下定義：

> 本條例所說的發明是一種重大的科學成就，它必須具備以下三個條件：①前人沒有的，②先進的，③經實踐證明可以應用的。

8.1.3　定義的規則

定義的目的是通過揭示概念的內涵和外延，明確概念的適用範圍，並因此判定該概念的某一次具體使用是否適當。一個好的定義，或者說一個可以接受的定義，必須滿足一定的條件或標準，遵守一定的規則，這裡給出以下幾條：

1.定義必須揭示被定義對象的區別性特徵

語詞、概念是用來代表、指稱對象的，是特定的事物在思維中的代表者，因為人們顯然不能在想到、說到某個具體事物時，把該事物本身擺出來，而只能使用與該特定事物相配的特定的概念。為了做到特定的概念與特定的事物相配，該概念的定義就必須反映一類事物區別於其他事物的那些特徵，只有這樣才不會在思維中造成混亂。由於事物本身具有幾乎無窮多的屬性，由於認識和實踐的需要不同，這些屬性中能夠起區別作用的屬性並不是唯一的，但不管怎樣，定義必須揭示被定義對象的區別性特徵，這一點卻是確定無疑的。

例如：

> 水是一種透明的液體。

這一定義顯然沒有揭示水區別於其他液體的特徵，不是一個好的

或可以接受的定義。

 2.定義項和被定義項的外延必須相等

否則，會犯「定義過窄」或「定義過寬」的錯誤。

所謂「定義過窄」，是指一個定義把本來屬於被定義概念外延的對象排除在該概念的外延之外。例如：

> 古生物學是研究各個地質時代的動物形態、生活條件及其發展演變的科學。
>
> 商品是通過貨幣交換的勞動產品。

這兩個定義都犯有「定義過窄」的錯誤，因為古生物學除了研究古動物之外，也研究古代植物。在人類社會發展的早期或當代的某些不發達地區和角落，以物易物的「物」也是商品；或者通過給人家幹某件活，來換取對方的某件物，這也是在進行商品交換。

所謂「定義過寬」，是指一個定義把本來不屬於被定義概念外延的對象也包括在該概念的外延之中。例如：

> 汽車是適用於街道或公路的自動車輛。
>
> 哺乳動物是有肺部並要呼吸空氣的脊椎動物。

這兩個定義都犯有「定義過寬」的錯誤。根據它們，摩托車、電動自行車似乎應歸於「汽車」之列；鳥類、爬行動物以及大多數成熟的兩棲動物都有肺部並要呼吸空氣，並且都是脊椎動物，它們似乎也屬於哺乳動物。但實際情況並非如此。

定義過窄和定義過寬都是由於沒有揭示被定義對象的區別性特徵造成的。

3.定義不能惡性循環。否則，就會犯「循環定義」的錯誤

所謂循環，是指在用定義項去刻畫、說明被定義項時，定義項本身又需要或依賴於被定義項來說明，例如，有人在一篇文章中給出了三個相關的定義：

223

> 人是有理性的動物。
> 理性是人區別於其他動物的高級神經活動。
> 高級神經活動是人的理性活動。

通過這三個定義，我們既沒有明白什麼是人，也沒有明白什麼是理性和什麼是高級神經活動，因為它們相互依賴，誰也說明不了誰。

但是，對於有些關係概念的定義，某種程度的循環是允許的，甚至是必不可少的。例如，什麼是父親和子女？父親就是有自己的子女的男人，而子女則是由父母生下的後代。什麼是原因和結果？原因就是引起一個現象的現象，而結果則是由一個現象所引起的現象。

4.定義不可用含混、隱晦或比喻性詞語來表示

否則，就會犯「定義含糊不清」或「用比喻下定義」的錯誤。據說有人給出了這樣一個定義：

> 什麼是列寧主義？作為革命行動體系的列寧主義，就是由思維和經驗養成的革命嗅覺，這種社會領域裡的嗅覺，就如同體力勞動中肌肉的感覺一樣。

看了或聽了這個定義後，一般人都會有如墜五里霧中的感覺，渾渾沌沌，模模糊糊，什麼也看不清楚，甚至在不看、不聽這個定義時

還明白一些什麼，當看了、聽了這個定義之後，反而什麼也不明白了。其原因在於該定義使用了許多莫名其妙的詞語，例如「由思維和經驗養成的革命嗅覺」，「體力勞動中肌肉的感覺」，去刻畫作為一種理論體系的列寧主義。

> 兒童是祖國的花朵。
> 建築是凝固的音樂。
> 書是人類進步的階梯。
> 生活是最生動的河流，最豐富的礦藏。

這些句子作為一般的句子，是好的句子，甚至含有深刻的意義。但作為定義卻是糟糕的。因為要真正明白一個事物、概念是什麼，需要正面地去說明、刻畫它，而不是形容、比喻它。事物之間既有同一又有差異，自其同者視之，物我齊一，天地一體。因此，幾乎任何一個事物都可以比喻為任何一個其他的事物，但通過這樣的比喻，卻不能真正認識一個事物，或者弄清楚一個概念的適用範圍。

5.除非必要，定義不能用否定形式或負概念

通過定義，我們是要弄明白一個事物本身是什麼，而不是它不是什麼。因為一個事物除了是它本身之外，它不是世界上其他的一切事物，而這樣的事物是列舉不完的。德國哲學家黑格爾曾有一句名言：

> 真理不是口袋中現存的鑄幣。

它具有深刻的哲理，但不能作為「真理」的定義。黑格爾的意思是：真理不是垂手可得的，真理是一個過程，人們要真正學會、領悟一個真理，就必須以壓縮的形式去重複人類認識和掌握這個真理的全過程。因此，他說：同一句格言，在一位初涉人世的小伙子嘴裡說出

來，與在一位飽經風霜的老人嘴裡說出來，具有完全不同的內涵。我
國宋朝詩人辛棄疾用一首詞表達了類似的意思：

少年不識愁滋味。
愛上層樓，
愛上層樓，
為賦新詞強說愁。

如今識盡愁滋味。
欲說還休，
欲說還休，
卻道天涼好個秋。

8.2　論證理論

8.2.1　把一切送上理智的法庭

批判性思維的基本理論預設是：任何觀點或思想都可以、並且應
該受到質疑和批判；任何觀點或思想都應該通過理性的論證來為自身
辯護；在理性和邏輯面前，任何人或思想都沒有對於質疑、批判的豁
免權。批判性思維要培養學生這樣的品質：不盲從、不迷信，遇事問
為什麼；清楚的、有條理地思考，追求合理性；在游泳中學會游泳，
注重推理和論證的實際運用。

批判性思維的態度實際上是一種哲學態度。我曾在一篇文章中這
樣談到哲學，認為它首先是一種生活方式，一種人生態度。它對一切

問題都要追本溯源、尋根究底,作一番反省性或前瞻性的思考;它在別人從未發現問題的地方發現問題,對人們通常未加省察和批判就加以接受的一切成見、常識等等進行批判性地省察,質疑它的合理性根據和存在權利。科學的一切領域、人生的一切方面都向哲學思維敞開,接受哲學家的質疑、批判與拷問;同時哲學思維本身也向質疑、批判和拷問敞開,也要在這種質疑、批判和拷問中證明自身的合理性。我把這一點叫做哲學思維的敞開性。哲學活動因此成為一種質疑、批判和拷問的活動,其具體任務包括兩個:一是揭示、彰顯暗含或隱匿在人們日常所擁有的各種常識、成見和理論背後的根本性假定和前提;二是對這些假定或前提的合理性進行質疑、批判和拷問,迫使它們為自己的合理性進行辯護。正是在這種意義上,可以把哲學活動看做是一種前提性批判。①

有人曾經這樣為哲學家的上述活動辯護:「如果不對假定的前提進行檢驗,將它們束之高閣,社會就會陷入僵化,信仰就會變成教條,想像就會變得呆滯,智慧就會陷入貧乏。社會如果躺在無人質疑的教條的溫床上睡大覺,就有可能漸漸爛掉。要激勵想像,運用智慧,防止精神生活陷入貧瘠,要使對真理的追求(或者對正義的追求,對自我實現的追求)持之以恆,就必須對假設質疑,向前提挑戰,至少應做到足以推動社會前進的水準。人類和人類思想的進步部分是反叛的結果,子革父命,至少是除去了父輩的信條,而達成新的信仰。這正是發展、進步賴以存在的基礎。在這一過程中,那些提出上述惱人問題並對問題的答案抱有強烈好奇心的人,發揮著絕對的核心作用。這種人在任何一個社會中都不多見。當他們系統從事這種活動並使用同樣可以受到別人批判檢驗的合理方法時,他們便被稱之為哲學家了。」②

---

① 陳波:〈論證是哲學活動的本性〉,見《論證》,遼海出版社,1990年。
② 麥基編:《思想家》,周穗明等譯,三聯書店,1987年,第4頁。

8.2.2　識別複雜論證的結構

　　一個論證，是運用真實的或者至少是可以接受的理由，去論證某個論點或結論的思維過程及其語言表述形式。論證中包含著推理，它可以很簡單，例如只包含一個推理；也可以很複雜，包含著很多不同類型的推理，是這些不同推理的複合。

　　從結構上看，一個論證中包含著下列要素：

　　(1)論題

　　即論辯雙方所共同談論的某個話題，儘管他們在這個話題上可能具有完全相反的觀點，例如「是否應該允許大學生在學期間結婚？」就是一個論題。但有的時候，在一個人的演講或文章中，論題本身就是他所主張的、在演講或論證中要加以證明的觀點，即論點。

　　(2)論點

　　即作者在一個論證中所要證明的觀點。它有時候在一段文字或議論的開頭出現，有時候在一段文字或議論的末尾出現；在複雜的論證中，它既在開頭作為論證的對象出現，又在結尾作為該論證的結論出現。

　　(3)論據

　　也就是論證者用來論證他的論點的理由、根據。論據可以是一般性原理，也可以是事實性斷言。一般要求論據必須是真實的，至少是論證雙方能夠共同接受的。

　　(4)論證方式

　　即論點和論據之間的聯繫方式，通常表現為一系列推理形式的複

227

合。如果其中的某個論據與論點的聯繫方式是演繹的，則用小寫字母 d（deduction）表示；若某個論據與論點之間的聯繫方式是歸納的，則 i（induction）表示；若某個論據與論點之間的聯繫方式是謬誤的，則用 f（fallacy）表示。

(5)隱含的前提或假設

228

在一個論證中，常常隱含地利用了一些前提或假設，相應地也隱含地使用了一些推理形式，而沒有把它們統統明明白白地說出來或寫出來。但當我們要對一個論證的可靠性作出評估時，常常需要把它們都考慮進來。

因此，要識別一個論證的結構，常常要作下面一些考慮：①找出該論證的論點或主要結論，跟在論證標誌詞「因此」，「所以」，「可見」，「可以推斷」，「這樣說來」，「結論是」，「其結果是」，「這表明」，「總而言之」，「顯然」，「我們認為」，「我們相信」，「很可能」等等之後的往往是論點或結論；②找出支持這個論點的主要的理由，跟在論證標誌詞「因為」，「如果」，「假設」，「鑑於」，「由……可以推出」，「正如……所表明的」等等之後的或占據省略號位置的往往是理由或論據，並用 p1、p2、p3 等對它們予以編號；③找出支持該論點的未明確說出或寫出、但為該論證所隱含的理由或論據，並用大寫字母 A、B、C 等表示；④把支持該論證的論點的理由與支持這些理由的理由區分開來；相應地，把該論證的主要論證與其他次要的論證區分開來；⑤按下列方式寫出該論證的結構示意圖：

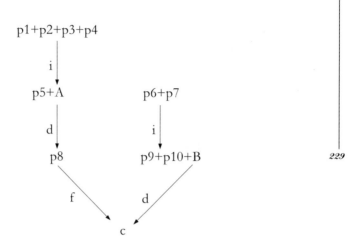

　　上述示意圖所表示的論證比較複雜：該論證的論點或結論是c，支持它的理由或論據有兩個：①是p8，從它出發通過謬誤推理f達到c；②是p9+p10+B，它表示p9、p10與隱含假設B的合成，通過演繹推理d達到c。但p8是通過演繹推理從p5+A得到的，後者又是通過歸納推理從p1+p2+p3+p4得到的；p9+p10+B是通過歸納推理i從p6＋p7得到的。有些論證的結構比較簡單，相應地將省略上述示意圖中的某些項；而有些論證的結構更為複雜，其結構示意圖中還要添加一些項。

　　找出一個論證特別是複雜論證中的論點、論據，並不是一件十分容易的事情，需要經過訓練。請看下面的例子：

　　水上滑板風馳電掣，五彩繽紛，它正受到廣泛的喜愛。它能把一艘小船駛向任何地方，年輕人對此大為青睞。這項技巧的日益普及，產生了水上滑板管理的問題。在這個問題上，我們不能不傾向於對此嚴格管理的觀點。

　　水上滑板，是水上娛樂項目中最能致命的方式之一。例如，曾有兩名婦女到珊瑚礁渡假。當她們乘坐木筏，在岸邊不遠處飄蕩時，一隻水上滑板衝向她們，將她們撞死。此外，許多玩水上滑板的人，在與其他船隻相撞時慘死或嚴重傷殘。還有人在離岸很遠處滑板沉毀，困守遠海。

多半人雖則使用水上滑板，卻對此毫無經驗，更不懂航行規則，使得事故的可能性進一步增加。滑板的日益普及造成困難倍增，因為越來越多的船隻不能不競爭有限的狹小水面。擁擠的水道，彷彿是災難的最危險的同謀。

除去水上滑板操作上固有的危險外，在環境方面，它也造成了極大的擾亂。海灘的居民，紛紛抱怨滑板帶來的可怕噪音。西海岸的太平洋鯨類基金會也指出，滑板很可能會嚇走業已瀕臨滅絕的座頭鯨回游到夏威夷產子，這使人深感憂慮。

因此，制定諸如最低操作年限、限制操作區域，以及水上安全強制性教育等等管理規則，都勢在必行，沒有這管理規則，水上滑板導致的悲劇定會一再重演，許多賞心悅目的海灘將變得危險叢生。

解析

這個論證的大致結構如下：

問題：水上滑板是否應受到嚴格管理？

論點：是的，水上滑板應該受到嚴格管理。

論據：1. 水上滑板極為危險。

　　　a. 操作者會撞死自己和旁人。

　　　b. 大多數水上滑板操作者毫無經驗。

　　　c. 滑板的日益普及導致水道擁擠，越發積重難返。

　　　2. 水上滑板給環境帶來威脅。

該論證的結構示意圖如下：

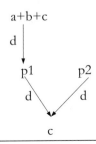

a+b+c
d
p1　　p2
d　　d
c

8.2.3　對已有論證作出評價

有的批判性思維論著的作者指出，正確地提問對論證評估是十分重要的。他們主張，在評價某段論證之前，最好問以下 14 個問題：(1)問題和結論是什麼？(2)理由是什麼？(3)哪些詞句的意義模糊不清？(4)價值衝突和假設是什麼？(5)描述性假設是什麼？(6)證據是什麼？(7)抽樣選擇是否典型？衡量標準是否有效？(8)是否存在競爭性假說？(9)統計推理是否錯誤？(10)類比是否貼切中肯？(11)推理中是否存在錯誤？(12)重要的訊息資料有沒有遺漏？(13)哪些結論能與有力的論據相容不悖？(14)爭論中你的價值偏好是什麼？③這裡，問題(1)、(2)、(5)、(6)可以說屬於論證的識別所涉及的問題，其他問題都與論證的評估有關。

我認為，在對已有論證作出評價時，主要應考慮下列問題：

 1.論證中的論題及關鍵性概念是否清楚、明白

除非弄清楚論證中關鍵性詞句的含義及其在使用環境中的意義，否則無法對論證作出評價。然而，有些作者疏於給出術語的定義，並且許多關鍵術語歧義叢生，稍不注意就會受騙上當。因此，有必要找出一段論證中的關鍵性詞句，並且問這樣的問題：它們通常或可能是什麼意思？它們實際上是什麼意思？它們的這種使用合法嗎？然後就可以依次區分出論證中的(1)關鍵性詞語，(2)定義較為充分的關鍵詞語，(3)可作別種解釋的關鍵性詞語，(4)在論證的論題中出現的關鍵性詞語。

請看下例：

③ M・尼爾・布朗、斯圖爾特・M・基利：《走出思維的誤區》，中央編譯出版社，1994 年，第 13 頁。

　　我們對待吸毒，應該像對待言論和宗教信仰一樣，將其視為一種基本的權利。吸毒是一種自願行為。沒有人非得去吸毒，就像沒有人非得去讀某本書一樣。如果州政府打算限制毒品消費，它只能對其公民強行壓服——其方法類似於保護兒童免遭引誘，或限制奴隸對自己的生命實行自決。

　　此段論證的關鍵性詞語包括「吸毒」、「基本權利」、「自願行為」、「限制毒品消費」，以及「對其公民強行壓服」等等，要對作者的觀點作出回應，有必要對「吸毒」一詞加以必要的限定與說明。

 2.前提和隱含前提是否真實或至少是可接受的

　　真實的前提是得出真實結論的必要條件，但這一條件卻不是那麼容易保證的。有時候，前提可能只是某種常識性說法，但常識並不總是可靠的。有時候，前提可能是大多數人的看法，但真理並不以信仰者的多少為依歸。有時候，前提可能是某位權威的意見和看法，但權威並非在一切時候、一切情況下都是權威。除此之外，在論證中常常會暗中使用一些未明確陳述的前提和假設，它們的可靠性更要受到質疑。因此，批判性思維有廣大的生長空間。

 3.前提和結論之間是否具有語義關聯

　　我們通常進行推理或論證時，前提和結論之間總是存在某種共同的意義內容，使得我們可以由前提想到、推出結論，正是這種共同的意義內容潛在地引導、控制著從前提到結論的思想流程。除非一個人思維混亂或精神不正常，他通常不會從「2+2=4」推出「雪是白的」，也不會從「2+2=5」推出「雪是黑的」，因為這裡前提和結論在內容、意義上沒有相關性，完全不搭界，儘管「如果 2+2=4 那麼雪是白的，2+2=4，所以，雪是白的」是一個形式有效的推理。這就表明，有些邏輯上有效的推理形式，作為日常的論證可能是壞的論

證，例如根據同一律，從 p 當然可以推出 p，但若以 p 為論據去論證 p，即使不是循環論證，也至少犯有「無進展謬誤」。批判性思維在作論證評價時，常常要考慮前提與結論、論據與論點之間的這種內容相關性，要求它們之間既有內容的關聯，又不能在內容上相互等同，否則就沒有論證之必要了。

 4.論證中前提對結論的支持強度如何

演繹有效

如果一個推理的前提真則結論必真，或者說前提真則結論不可能假，則這個推理就是演繹有效的。儘管從假的前提出發也能進行合乎邏輯的推理，其結論可能是真的，也可能是假的，但從真前提出發進行有效推理，卻只能得到真結論，不能得到假結論。只有這樣，才能保證使用這種推理工具的安全性。這種有效性（亦稱「保真性」）是對於正確的演繹推理的最起碼要求。如果一個論證只包括從論據到論點的演繹有效的推理，則它是一個演繹有效的論證，論據的真必然導致論點的真。除了在數學等精確科學中出現外，這樣的論證在日常思維中並不多見。

歸納強的

有許多推理或論證儘管不滿足保真性，即前提的真不能確保結論的真，但前提卻對結論提供了小於 100%、但大於 60% 的證據支持度，這樣的推理或論證仍然是合理的，並且被廣泛而經常地使用著。這樣的推理或論證可以稱之為「歸納強的」。否則，如果一個推理或論證，其證據支持度小於 60%，則可以稱它是「歸納弱的」。歸納弱的推理仍有一定的合理性和說服力，但其說服力是十分有限的。一般所說的簡單枚舉法、類比法等，當作為論證方法時，從邏輯上看都是歸納弱的。

謬誤的

指以完全違反邏輯的手段從前提推出了結論，在下面的「謬誤」一節中將重點討論此類推理或論證。

 8.2.4　建構你自己的論證

人們不僅要否定論敵的觀點，也要傳播自己的主張，這都需要以論證的形式進行，而論證則需要遵守一定的規則。根據不同的需要或標準，可以列出不同的論證規範④。這裡主要從認識論角度列出以下幾條基本規則：

 1. 論題的可信度必須比論據低，並且論題本身必須清楚、確切，在論證過程中要保持同一

一般來說，一個論證之所以有必要進行，是因為某論點很重要，但其真實性或可接受性不明顯，受到人們的懷疑，於是需要用一些更真實、更可接受的命題作論據，以合乎邏輯的方式推出該論點的真實性或可接受性。相反，如果論點的可信度比論據還高，那就沒有必要用該論據去論證該論點，倒是有必要去用該論點去說明該論據，論證過程要完全倒過來，原有的整個論證因此不成立。

只有論題本身是清楚、確切的，論證活動才能做到有的放矢，富有成效。否則，會犯「論旨不清」的錯誤，後者常常是由於其中所涉及的關鍵性概念、命題的意義不清造成的。例如，一隻松鼠站在樹上，兩個獵人圍繞它轉了一圈。他們走動時，松鼠也跟著他們轉。這時，一個獵人說，他們已經圍繞松鼠轉了一圈，因為他們已經圍繞松鼠劃了一條封閉的曲線；而另一個獵人卻說，他們沒有圍繞松鼠轉一

④ 劉春杰：《論證邏輯研究》，青海人民出版社，第 156-158 頁。

圈，因為他們始終只看到松鼠的正面，沒有看到牠的其他各面。兩人爭得不可開交。顯然，他們對「一圈」這一概念有不同的理解，不解決這一分歧，無論怎麼爭論，都不會有確定的結果。

由於論證是用論據去論證論題，有時候論據的真實性本身又需要論證。於是，在一個主論證中會出現若干分論證，分論證中有時又會有分論證，最後有可能出現這樣的情況：論題是 A，在論證 A 時要涉及 B，B 要牽涉到 C，C 又牽涉到 D，D 又牽涉到 E，而 E 可能與 A 毫無關係，它們之間相差「八千里路雲和月」！出現這種情況時，就出現了「轉移論題」或「偷換論題」的邏輯錯誤。

2. 前提必須是真實的，或者至少是論辯雙方共同接受的

因為從不真實的前提出發，不能在邏輯上強制雙方接受結論（論點）的真。然而，由於認識過程的複雜性，一個命題是不是真實的，有時候是很難說清楚的，但只要論辯雙方都認定該前提是真實的，或者是可以接受，它就可以用來充當論據，邏輯也會強制論辯雙方去接受從那些共同接受的前提推出的結論。違反上述規則所犯的邏輯錯誤，叫做「論據虛假」、「預期理由」等。

由於論證的目的是說服某些人去接受、承認論點的真，因此在挑選論據時，就要選擇那些能為待說服對象所理解、接受的真命題作為論據，否則就如同對牛彈琴，達不到論證的目的和效果。

3. 論據必須是彼此一致和相容的

如果論據本身不一致，即論據本身包含 $p \wedge \neg p$ 這樣的矛盾命題，或者可以推出這樣的矛盾命題，而根據如前所述的命題邏輯，

$$p \wedge \neg p \rightarrow q$$

是一重言式，即邏輯規律。而這個公式是說，矛盾命題蘊涵任何命題，換句話說，從邏輯矛盾可以推出任一結論。顯然，可以作為任何一個結論的論據的東西，就不能是某個確定結論的確切的、強有力的論據。因此，一組不一致或自相矛盾的命題不能做論據。本書第一章談到，古希臘智者普羅泰戈拉與他的學生歐提勒士提出了完全相反的結論。究其原因，是因為他們的前提中包含著不一致：一是承認合同的至上性，一是承認法庭判決的至上性，哪一項對自己有利就利用哪一項，而這兩者是相互矛盾的。實際上，法庭判決也必須根據合同來進行，因此合同是第一位的，是法庭判決的根據和基礎。這樣一來，那師徒的兩個二難推理都不能成立，並且根據合同，歐提勒士在沒有幫人打官司或者沒有幫人打贏官司之前，可以不付給普羅泰戈拉那另一半學費。

4. 認證中所使用的推理必須是演繹有效的，或者是歸納強的。否則論證不可靠，會犯「推不出來」的邏輯錯誤

8.3　謬誤理論

所謂「謬誤」，不是指一般的虛假、錯誤、荒謬的認識、命題或理論，而是指推理或論證過程中所犯的邏輯錯誤。前面說過，一個推理和論證要得出真實的結論，要滿足兩個條件：一是前提真實，二是從前提能夠合乎邏輯地推出結論。但前提真實這個條件，涉及命題的實際內容，涉及語言、思想和世界之關係，是邏輯管不了的。但前提和結論之間的邏輯關係，卻是邏輯應該管也能夠管的。謬誤常常出現在前提與結論的邏輯關係上，它是指那些看似正確、具有某種說服力，但經仔細分析之後卻發現其為錯誤的推理或論證形式。

如果有意識地運用謬誤的推理、論證形式去證明某個觀點，這就是詭辯。德國哲學家黑格爾指出：「詭辯這個詞通常意味著以任意的方式，憑藉虛假的根據，或者將一個真的道理否定了，弄得動搖了，或者將一個虛假的道理弄得非常動聽，好像真的一樣。」[5]因此，詭辯是一種故意違反邏輯的規律和規則，為錯誤觀點所進行的似是而非的論證。

謬誤可以分為不同的類型，例如有人將其區分為語形謬誤、語義謬誤和語用謬誤，有人將其區分為形式謬誤、實質謬誤和無進展謬誤。但較為普遍接受的做法是將謬誤區分為「形式謬誤」和「非形式謬誤」兩類。

 ## 8.3.1　形式謬誤

所謂「形式謬誤」，是指邏輯上無效的推理、論證形式。在本書前面各章中，已經分別指出了一些這樣的形式，這裡擇其要者列舉如下：

 ### 1.命題邏輯中的形式謬誤

(1)否定前件式

如果 p 則 q，非 p，所以，非 q。例如：如果李鬼謀殺了他的侄子，則他就是一個惡人。李鬼沒有謀殺他的侄子，所以，李鬼不是一個惡人。

(2)肯定後件式

如果 p 則 q，q，所以，p。例如：如果王猛是網路發燒友，那麼

[5] 黑格爾：《哲學史講演錄》第二卷，三聯書店，1957 年，第 7 頁。

他會長時間上網。王猛確實長時間上網，所以，王猛肯定是一位網路發燒友。

(3)互換條件式

如果 p 則 q，所以，如果 q 則 p。例如：如果 x 是正偶數，則 x 是自然數。所以。如果 x 是自然數，則 x 是正偶數。

(4)不正確的逆否式

如果 p 則 q，所以，如果非 p 則非 q。例如：如果中東各國解除武裝，就會給該地區帶來和平。所以，如果中東各國沒有解除武裝，該地區就不會出現和平。

(5)不正確的選言三段論

或者 p 或者 q，p，所以，非 q。例如：李白或者是大詩人或者是唐朝人，李白是舉世皆知的大詩人，所以，李白不是唐朝人。

 ## 2.詞項邏輯中的形式謬誤

(1)中項不周延

例如：有些政客是騙子，有些騙子是竊賊，所以，有些政客是竊賊。

(2)大項周延不當

例如：老虎是食肉動物，獅子不是老虎，所以獅子不是食肉動物。

(3)小項周延不當

例如：所有新納粹分子都是激進主義者，所有激進主義者都是恐

怖份子，所以，所有恐怖份子都是新納粹份子。

(4)兩個否定前提

例如，沒有種族主義者是公正的，有些種族主義者不是警察，所以，有些警察不是公正的。

(5)不正確的肯定或否定

例如：所有說謊話者都是騙人者，有些說謊話者不是成年人，所以，有些成年人是騙人者。又如：所有吸血鬼都是怪物，所有怪物都是上帝的造物，所以，有些上帝的造物不是吸血鬼。

 ## 3.謂詞邏輯中的形式謬誤

(1)不正確的量詞換序

例如：$\forall x \exists y R(x, y)$，所以，$\exists y \forall x R(x, y)$。例如，取個體域為自然數，R 表示「小於關係」，$\forall x \exists y R(x, y)$ 是說：任給自然數，都可以找到另外的自然數比它大，即沒有最大的自然數。而 $\exists y \forall x R(x, y)$ 是說：有一個自然數，它比任何自然數都大，即有最大的自然數。這裡，前提真而結論假，推理無效。

(2)不正確的推導

例如，$\exists x(Sx \land Px)$，所以，$\exists x(Sx \land \neg Px)$。這是從「有些 S 是 P」推出「有些 S 不是 P」，無效。再如：$\exists x(Sx \land \neg Px)$，所以，$\exists x(Sx \land Px)$。這是從「有些 S 不是 P」推出「有些 S 是 P」，同樣無效。

(3)不正確的同一替換

例如，小強知道魯迅是魯迅，魯迅是生物學家周建人的哥哥，所以，小強知道魯迅是生物學家周建人的哥哥。

8.3.2　非形式謬誤

所謂「非形式謬誤」，是指結論不是依據某種推理、論證形式從前提得出的，而是依據語言、心理等方面的因素從前提得出的，並且這種推出關係是不成立的。下面把非形式謬誤分為兩大類：歧義性謬誤和關聯謬誤。

1.歧義性謬誤

(1)概念混淆

自然語言中的詞語常常是多義的，或者說是語義模糊的。如果人們在論證過程中，有意無意的利用這種多義性和模糊性，去得出不正確的結論，就會犯「概念混淆」的邏輯錯誤。例如：「凡有意殺人者當處死刑，劊子手是有意殺人者，所以，劊子手當處死刑。」這個推理是不成立的，因為劊子手不是一般的「有意殺人者」，而是「奉命有意殺人者」。

(2)構型歧義

由於句子語法結構的不確定而產生的一句多義。例如，一算命先生給人算卦說：「父在母先亡」。由於標點不同，這句話有兩種含義：父親健在，母親已亡；父親在母親前面去世。如果加上時態因素，該句可以表示對過去的追憶，對現實的描述，對未來的推測，因此就有六種不同的含義，窮盡了全部可能的情況，永遠不會錯。算命先生就是以此類把戲騙人錢財。

(3)錯置重音

同一個句子，由於強調其中的不同部分，會衍生出不同的意義。

例如，「我們不應該背後議論我們的朋友的缺點」，這句話以平常的語氣說出，是一個意思；如果重讀其中的「背後」二字，則會有「我們可以當面議論我們的朋友的缺點」之意；如果重讀其中的「我們的朋友」，則會有「我們可以背後議論不是我們的朋友的人的缺點」之意。如果有意利用重讀、強調等手法，傳達不正確的、誤導人的訊息，就犯了「錯置重音」的謬誤。這在廣告中特別常見。例如，以特別醒目的大字體標出一個特別低的價格，在旁邊則用小字體印上「起」，或用小字體標明各種限制條件。當顧客真的光顧該店時，大呼上當。

(4)合舉

指把整體中各部份的屬性誤認為是該整體的屬性，由此作出錯誤的推論。例如，由一部機器的每一個零件都品質優良，推出該機器本身也品質優良；由一個足球隊的每一個球員都很優秀，推出該足球隊一定很優秀；由一輛公共汽車比一輛出租車耗油更多，推出所有公共汽車的總耗油量一定比所有出租車的總耗油量多。

(5)分舉

與合舉剛好相反，是指由一整體具有某種屬性，推出該整體中的每一個體也具有某種屬性。例如，由某人在一重要部門工作，推出該人也一定是一位非常重要的人物。再看下面兩個推理：「魯迅的著作不是一天能夠讀完的，〈孔乙己〉是魯迅的著作，因此，〈孔乙己〉不是一天能夠讀完的。」「人是由猿猴進化而來的，張三是人，因張三也是由猿猴進化而來的。」它們都犯了分舉的謬誤

 2.關聯性謬誤

所謂「關聯性謬誤」，是指從語言、心理上有關，但在邏輯上無關的前提出發進行推理，以至前提與結論不相干，因此更正確的說法

是「不相干謬誤」。在本書開頭兩章中已經談到許多這類謬誤，例如，訴諸個人，訴諸情感，訴諸權威，訴諸無知，複雜問語。這裡再談幾例：

(1) 訴諸起源

指通過某個理論、觀點、事物的來源好或不好，來論證該理論、觀點成立或不成立，該事物好或不好。例如，有人論證說：「麻將是中國文化的產物，而中國文化都有正面價值，所以我們要推廣打麻將運動；牛仔褲是洋鬼子的東西，有什麼好穿的，太崇洋媚外了，所以應該發起不穿牛仔褲運動。因此，我們要打麻將，不穿牛仔褲，做一個具有中國文化氣質的、堂堂正正的中國人。」又如，某人說：「我知道這種藥是用一種劇毒的植物煉成的，儘管醫生建議我服用它，但我決不服用，因為我害怕被毒死。」上面兩個人的話都犯了「訴諸起源」的謬誤。

(2) 竊取論題

亦稱「循環論證」，指用論題本身或近似論題的命題作論據去論證論題。例如，「吸鴉片會令人昏睡，因為鴉片中含有令人昏睡的成分。」「所有基督徒都是品行端正的，因為所謂基督徒就是品行端正的人。」「整體而言，讓每個人擁有絕對的言論自由肯定對國家有利，因為若社群裡每個人都有享有完全不受限制的表達自己思想感情的自由，對這個社群是非常有利的。」這幾段話語都犯有「竊取論題」的謬誤。

(3) 不據前提的推理

指羅列了一些數據、命題，但它們與結論的推出沒有關係，結論是不合邏輯地從那些數據、命題推出來的。例如，有人在評論一本為同性戀辯護的書時，指出該書不講邏輯，不合道德。他提及了該書中

的一些「不據前提的推理」：「……『是時候了』這句咒語最能使現代人為之動容：變化就是自然，因此變化就是進步，也因此人類自然進程所依賴的就是把人類從『禁忌』以及其他阻礙人類進步的種種『忌諱』中『解放』出來。跟路軌上的空車廂碰撞後相互緊扣在一起一樣，這裡各個『不據前提的推理』都毫不講理地被硬湊在一起。」

　　我們列舉、分析謬誤的目的，是為了弄清楚謬誤的產生的原因、機制，以便在我們的思維中避免謬誤，反駁詭辯。

第九章

共同為現代科學大廈奠基

——邏輯學的地位

現代科學已經成長為一個巨大的知識體系，從其研究對象出發，可以分為自然科學、人文社會科學和思維科學等領域；從在科學體系中所處的地位或所起的作用出發，可以分為基礎科學、應用科學和技術科學等類型。西元 1974 年，聯合國教科文組織曾排定七大基礎學科：(1)數學；(2)邏輯學；(3)天文學和天體物理；(4)地球學和空間科學；(5)物理學；(6)化學；(7)生命科學。在基礎學科中，邏輯學位居第二；它與其他基礎科學一起，共同為現代科學大廈奠定基礎。此外，邏輯學作為一門思維科學，也可以用作思維訓練課程。

 ## 9.1　邏輯作為數學之基礎

現代邏輯創始於 19 世紀末葉和 20 世紀早期，其發展動力主要來自於數學中的公理化運動。當時的數學家們試圖從少數公理根據明確給出的演繹規則推導出其他的數學定理，從而把整個數學構造成為一個嚴格的演繹大廈，然後用某種程序和方法一勞永逸地證明數學體系的可靠性。為此需要發明和鍛造嚴格、精確、適用的邏輯工具。這是現代邏輯誕生的主要動力。由此導致 20 世紀邏輯研究的嚴重數學化，其表現在於：(1)是邏輯專注於在數學的形式化過程中提出的問題；(2)是邏輯採納了數學的方法論，從事邏輯研究意味著像數學那樣用嚴格的形式證明去解決問題。由此發展出來的邏輯被恰當地稱為「數理邏輯」，它增強了邏輯研究的深度，使邏輯學的發展繼古希臘邏輯、歐洲中世紀邏輯之後進入第三個高峰期，並且對整個科學特別是數學、哲學、語言學和計算機科學產生了非常重要的影響。在這個過程中，形成了數學基礎研究中的三大派：邏輯主義，形式主義，直覺主義。

9.1.1 邏輯主義

　　邏輯主義的基本觀點是：數學可以化歸於邏輯。這就是說，數學概念可以借助於邏輯的概念得到明確的定義，數學的命題可以借助邏輯的公理和推演規則而得到證明，因此數學可以建立在邏輯的基礎之上，數學的可靠性可以通過邏輯的可靠性而得到保證。它的代表性人物是弗雷格、羅素和蒯因（W.V.Quine,西元 1908-2000 年）。

　　弗雷格（Gottlob Frege，西元 1848-1925 年），德國數學家、邏輯學家和哲學家，其主要著作有：《概念文字》，《算術基礎》，《算術基本規律》，《弗雷格哲學論著選輯》等。他建立了第一個完全的命題演算和謂詞演算系統，並提出了把數學化歸於邏輯的邏輯主義綱領，是數理邏輯的主要奠基人。

　　格言：始終要把心理的東西與邏輯的東西、主觀的東西和客觀的東西區分開來。絕不要孤立地去問一個詞的意義，僅僅在語句的語境中才能去問一個詞的意義。決不要無視概念和對象之間的區別。

羅素（Bertrand Russell，西元 1872-1970 年），英國哲學家、邏輯學家，國際著名學者。著述宏富，其主要邏輯著作有：《數學原則》，《數學原理》（三卷本，與 A. N. 懷德海合著），《數理哲學導論》等。在邏輯上，他建立了一個完全的命題演算和謂詞演算，發展了關係邏輯和摹狀詞理論，提出了解決悖論的類型論，並堅持從邏輯可以推導出全部數學的邏輯主義綱領。

格言

有三股簡單而又無比強烈的激情支配了我的一生：對於知識的追求，對於愛的渴望，以及對於人類苦難難以遏制的同情心。

任何一個哲學問題，在對它進行必要的分析和澄清之後，便會表明要麼根本不是哲學問題，要麼就在我們使用「邏輯」這個詞的意義上，是邏輯問題。

在弗雷格之前，已有一些數學家開始在數學上做一些化歸或還原的工作。例如，笛卡兒（R.Descartes,西元 1596-1650 年）把幾何的概念還原為代數的概念，康托爾（G.Cantor,西元 1845-1918 年）把實數

的概念還原為自然數的概念。弗雷格最初致力於邏輯的公理化工作，其結果是建立了一個初步自足的邏輯演算系統；作為這一工作的自然延伸，他進一步研究了算術的公理化問題。他在研究中發現，所有的算術概念都可以借助於邏輯概念得到定義，所有的算術法則都可以憑藉邏輯法則而得到證明，從而形成了他的邏輯主義觀點。他的所有這些工作體現在他的兩卷本著作《算術基本規律》（西元 1893, 1903 年）中。這裡有必要提及一段史實：

在《算術基本規律》第二卷已經付印時，弗雷格接到了當時是年輕人的羅素的一封信，後者向他通報了在他的著作中發現的一個悖論：

根據該書中廣泛使用的概括規則，由任意性質可以定義一個集合。於是，由下述條件也可定義一個集合 S：對任一 x 而言，$x \in S$ 若且唯若 $x \notin x$。在這個條件中用 S 替換 x，得到悖論性結果：$S \in S$ 若且唯若 $S \notin S$。

可以用自然語言把這個悖論復述為：

把所有集合分為兩類：(1)正常集合，例如所有中國人組成的集合，所有自然數組成的集合，所有英文字母組成的集合。這類集合的特點是：集合本身不能作為自己的一個元素。(2)非正常集合，例如所有集合所組成的集合，所有觀念的集合。這類集合的特點是：集合本身可以作為自己的一個元素。現假設由所有正常集合組成一個集合 S，那麼 S 本身屬於還是不屬於 S 自身？或者說 S 究竟是一個正常集合還是一個非正常集合？如果 S 屬於自身，則 S 是非正常集合，所以它不應是由所有正常集合組成的集合 S 的一個元素，即 S 不屬於它自身；如果 S 不屬於它自身，則它是一正常集合，所以它是由所有正常集合組成的集合 S 的一個元素。於是，得到悖論性結果：S 屬於 S 若且唯若 S 不屬於 S。

這個悖論通常被稱為「羅素悖論」，它不僅使弗雷格感到極度震驚，而且使整個數學界都感到震驚，由此引發了所謂的「第三次數學危機」。弗雷格當時甚至想撤回正在印刷的《算術基礎》第二卷，不

再出版了。但最後在做了一些小的修改後仍然出版了，不過加寫了一個後記，其中說道：

「對於一個科學工作者來說，最不幸的事情莫過於：當他完成他的工作時，發現他的知識大廈的一塊基石突然動搖了。正當本書的印刷接近完成之時，伯特蘭·羅素先生給我的一封信便使我陷入這種境地。……

給可憐者以安慰，給痛苦者以支援吧。如果這是一種安慰的話，那麼我也就得到這種安慰了：因為在證明中使用了概念的外延、類、集合的每一個人都處於與我同樣的地位。成為問題的恰恰不是我建立算術的特殊方式，而是算術是否完全可能有一個邏輯的基礎。」①

這就是說，悖論的出現甚至動搖了弗雷格的邏輯主義信念。不過，羅素本人卻是一位堅定的邏輯主義者。他採用邏輯類型論去避免悖論，繼續進行從邏輯中推導出數學的工作，其具體成果是他與懷德海（A. N. Whitehead, 西元 1861-1947 年）合著的三大卷的《數學原理》（西元 1910, 1912, 1913 年）。第一卷除導論外，分兩部分。導論主要闡明初始概念，提出解決悖論的方法——類型論，並提出摹狀詞理論。第一、二部分建立了一個完全的命題演算和謂詞演算，提出了類和關係的形式理論，並在此基礎上展開基數和序數算術理論。第二卷詳細展開基數和序數算術理論，並提出了序列理論。第三卷繼續討論序列，並以度量理論結束。計劃中的第四卷打算展開幾何理論，但後來並未完成，但人們普遍認為已無關大局。因此，羅素認為，邏輯主義的目標在《數學原理》中已經實現了。他在《數學哲學導論》（西元 1919 年）中說：

「歷史上數學和邏輯是兩門完全不同的學科……。但是二者在近代都有很大的發展：邏輯更數學化，數學更邏輯化，結果在二者之間完全不能畫出一條界限：事實上二者也確是一門科學。它們的不同就

---

① 轉引自張建軍：《科學的難題——悖論》，浙江科技出版社，1990 年。

像兒童和成人的不同：邏輯是數學的少年時代，數學是邏輯的成人時代。……二者等同的證明自然是一件很細緻的工作：從普遍承認屬於邏輯的前提出發，借助演繹達到顯然也屬於數學的結果，在這些結果中我們發現沒有地方可以畫一條明確的界線，使邏輯和數學分居兩邊。如果還有人不承認邏輯與數學等同，我們要向他挑戰，請他們在《數學原理》的一串定義和推演中指出哪一點他們認為是邏輯的終點，數學的起點。很顯然，任何回答都將是隨意的，毫無根據的。」②

結果被證明，羅素本人的上述斷言確實是隨意的、毫無根據的。因為他在從邏輯開展出集合論和一部分數學理論的過程中，除使用公認的邏輯公理外，還使用了無窮公理和乘法公理（選擇公理）這樣兩條非邏輯公理。因此，羅素並沒有把數學完全化歸於邏輯，至多是化歸於邏輯加集合論。在這個意義上，邏輯主義綱領是失敗了。但是，邏輯主義者的工作大大加深了我們對邏輯與數學之間關係的認識，促進了數學的邏輯化和邏輯的數學化，導致了數理邏輯的建立，因此其貢獻是毋庸質疑的。

 ### 9.1.2 形式主義

形式主義的代表人物有柯里（H. B. Curry）、魯賓遜（A. Robinson）和柯恩（P. J. Cohen）等人。魯賓遜在〈形式主義64〉一文中說到：「我對數學基礎的看法，主要根據以下兩點，或者說兩條原則：(1)不論從無窮總體的哪種意義來說，無窮總體是不存在的（即不管是實在的還是理想的無窮總體都是不存在的）。更確切地說，任何講到或意思上含有無窮總體的說法都是沒有意義的。(2)雖然如此，我們還是應該『照常』繼續搞數學這個行業，也就是說，應該把無窮總體當

② 羅素：《數理哲學導論》，晏成書譯，商務印書館，1982 年，第 182 頁。

作真正存在的那樣來行事。」③

　　形式主義者不贊成實在論者或柏拉圖主義者的觀點，即認為數學對象是獨立於思維而存在的，對此人們只能去認識，而不能任意創造或改變。在他們看來實在論至少有兩大致命傷：(1)是它肯定實無窮沒有直觀上可信的合理根據。例如柯恩指出：「我相信任何實在論者都會承認的一個弱點，是他沒有能力說明像更高的無窮公理的無窮無盡的序列的根源。當考慮一個充分不可達型的基數時，甚至最堅定的實在論者也一定會退縮的。還存在像可測基數公理這樣的公理，它們比曾經考慮過的最一般的無窮公理還要強，但是看來絕對沒有直觀上可信的證據，以便拒絕還是接受它們。……」④(2)是它構成對數學研究中自由思想的壓制，因為它認為我們只能認識而不能創造數學對象。在形式主義者看來，數學對象在現實世界中是不存在的，只是數學思維的自由創造，是一種「有用的虛構」。

　　形式主義者認為，數學是研究推理或形式推理的，即從一定的形式前提（公理），按照演繹推理的規則，把一定的語句作為數學定理推導出來。數學是一門關於形式系統的科學，它所研究的只是一些事先毫無意義的符號系統，數學家的任務只是為某一符號系統確定作為前提的合式的符號串，並給出確定符號之間形式關係的變形規則，從前提按給定的變形規則得出作為定理的符號串。因此，數學就是符號的遊戲，從事數學研究如同下棋，所驅遣的數學對象類似無實在意義的棋子，按給定的變形規則對符號進行機械的變形組合，就像按下棋規則去驅動棋子。對這種遊戲的唯一要求就是它的無矛盾性（柯恩），此外也許還要考慮到「是否方便，是否富於成果」（柯里），以及結構上是否美（魯賓遜）等。

③　《數理哲學譯文集》，中國社會科學院哲學研究所邏輯研究室編，商務印書館，
　　1988 年，第 62 頁。
④　《數理哲學譯文集》，第 132 頁。

　　希爾伯特（David Hilbert，西元 1862-1943 年），德國數學家、邏輯學家。其主要著作有：《幾何基礎》，《理論邏輯原理》（與 W 阿克曼合著），《數學基礎》（與 P 貝爾奈斯合著），並有《希爾伯特全集》（3 卷本）問世。1900 年，他提出了著名的 23 個數學問題，爲新世紀的數學發展指明了方向。他先後致力於幾何基礎和數學基礎方面的研究，提出了著名的希爾伯特規劃，後來形成了形式主義學派。

　　格言

　　我們必須知道，我們必將知道。

　　凡是能夠成爲科學思維對象的東西，一旦成熟到建立理論，就受制於公理化方法，從而受制於數學。通過推進到……越來越深層次的公理，我們也就越來越深入地洞察到科學思維的本質，並且越來越意識到我們知識的統一性。得力於公理化方法，數學似乎被委任在科學中起一種領導作用。

　　談到形式主義，就不能不談到德國著名數學家希爾伯特，他提出了以他的名字命名的證明論方案，其要點是：將各門數學形式化，構

成形式系統或形式理論，然後用有窮方法證明各形式系統的一致性，
從而導出全部數學的一致性，以此保衛古典數學。這一規劃按其本義
來說是失敗的，從中也產生出許多積極的成果，其中最直接的成果是
證明論作為數學和邏輯的重要分支之一得以形成和發展。有人把希爾
伯特視為形式主義的創始人或代表人物，這是不對的。儘管希爾伯特
倡導形式公理化研究方法，主張構造抽象的形式系統，但他並不認為
數學只是沒有現實意義的符號操作，也不否認數學對象的客觀實在
性，他把數學分為處理不涉及實無窮的現實數學和涉及實無窮的理想
數學兩部分，儘管他對實無窮的存在性抱有疑慮，但並不完全否定它
的存在，相反認為實無窮是數學思維中所不可缺少的，因此把它作為
理想元素引入數學，他本人因此被稱為「方法論上的實無窮論者」。
在他看來，不涉及實無窮的那部分數學卻是「現實的（real）數學」，
其可靠性和真理性是無庸置疑的。至少在這一點上，他嚴格區別於形
式主義者。

　　形式主義對關於數學的形式化研究的重要性及其意義的強調無疑
是有價值的，但它的兩個核心觀點卻必須受到挑戰：(1)是由否認實無
窮的實在性進而否認所有數學對象的實在性。(2)是把數學對象的存在
性和數學命題的真理性完全歸結為「一致性」或「相容性」。對此西
方數學哲學家們早就提出了尖銳的批評。例如直覺主義的代表人物布
勞維爾指出：「形式主義數學借助於其無矛盾性證明而獲得的邏輯證
實包含了一種惡性循環，因為這種證實事實上已經假定了這樣一個命
題的邏輯有效性，即認為由命題的無矛盾性可以推出它的正確性。」
但事實上，理論的無矛盾性並不足以保證其真理性，因為「一個假的
理論終究是假的，即使人們找不到矛盾：正如一個犯罪行為總歸是罪
惡的，不管它有無受到法庭的判決一樣」。⑤

---

⑤ 轉引自夏基鬆、鄭毓信：《西方數學哲學》，人民出版社，1986 年，第 109 頁。

9.1.3 直覺主義

直覺主義的代表人物是布勞維爾（L. E. J. Brouwer），他創造性地繼承了康德的先驗直觀理論，把對時間的先驗直覺作為數學的基礎。在他看來，數學是獨立於經驗的人類心靈的自由創造，它獨立於邏輯和語言；先驗的、原始的二‧一性（two-oneness）直覺構成了數學的基礎。這種初始直覺把每一個生活瞬間分解為質上不同的部分，僅當其餘的一切被時間分隔開時才重新結合起來。這種直覺使人認識到作為知覺單位的「一」，然後通過不斷的「並置」（juxtaposition），創造了自然數、有窮序數和最小的無窮序數。任何邏輯結構都不可能獨立於這種數學直覺。此外，他還持有下述基本觀點：(1)不承認實無窮，只承認潛無窮。所謂實無窮，是把無窮視為現實的、完成了的總體，例如由所有自然數所構成的集合（自然數集），一線段上所有點的集合（實數集）。所謂潛無窮，只是把無窮看做是一種無休止擴展或延伸的可能性或過程，而不是一種實際得到的總體，例如作為極限概念的無窮大或無窮小。由此，直覺主義學派把從潛無窮引伸出來的自然數論作為其他數學理論的基礎。(2)排中律不普遍有效。在直覺主義者看來，這至少有兩個原因：一是對於有窮論域來說，原則上可以通過逐個考察論域內的個體來驗證它是否滿足 A 或者非 A，因此排中律有效；但對無窮論域來說，這樣的考察是不可能進行和完成的，故排中律無效。二是他們把「真」理解為被證明為真，把「假」理解為假設為真將導致荒謬，這樣排中律在數學中就等於是說：每一個數學命題或者是可被證明的，或者假設為真將導致荒謬（即可被否證）。所以。布勞維爾說：「關於排中律的正確性問題等價於這樣的問題，即是不是可能存在不可解的數學命題。」[6]而他認

---

[6] 轉引自程仲棠：〈邏輯真理和事實真理〉，《暨南學報（哲社版）》1986 年第 2 期，第 68-69 頁。

為，數學中不僅有迄今未被證明為真或假的命題，而且有不可證明的命題，因此排中律失效。(3)存在等於被構造，也就是說，數學對象的存在以可構造為前提，即是說能夠具體給出數學對象，或者至少是能夠給出找到數學對象的程序或算法。

　　直覺主義者把上述觀點用於改造古典數學，建立構造性數學，並建立了體現構造性觀點的邏輯——直覺主義邏輯。在直覺主義邏輯中，一命題為真，是指能夠找到一個在有窮步內結束的證明，此證明證明它為真；一命題為假，是指能夠在有窮步內證明它為假，即假設它為真在有窮步內將導致矛盾。這是一個很強的要求，它意味著關於邏輯常項的意義和推理規則有很大改變，因此，直覺主義邏輯是一種特異性很強的邏輯。但正如有人批評的，直覺主義數學具有「缺乏力量」、「煩難」、「複雜」和「不明晰」等缺陷，[7]這種批評對直覺主義邏輯實際上也成立，因為前者就是在後者的基礎上建立起來的。儘管如此，直覺主義邏輯卻幾乎是被一部份數學家所使用並導致實際數學成果的唯一一種非經典邏輯。

9.2　讓哲學走向嚴格和精確

　　早在古希臘時期，就發生過「邏輯究竟是哲學的一部份，還是哲學的工具」的爭論。在很長時期內，邏輯都被看做是哲學的一部分。直至 19 世紀末 20 世紀初，邏輯因與數學結盟而獲得了作為一門獨立學科的地位，從而脫離了哲學的母體，但仍然與哲學保持著十分密切的關係。並且，隨著數理邏輯的創立和廣泛應用，邏輯和哲學的關係再次成為熱門話題。以致現在又有人提出：「現代邏輯不僅必須被看

---

⑦ 參見〔美〕克林：《元數學導論》（上冊），莫紹揆譯，科學出版社，1984 年，第 55 頁。

做是哲學的一個工具，而且也必須被看做是哲學的一部分。」⑧

 9.2.1 邏輯對於哲學的特殊重要性

在西方哲學傳統中，邏輯一直居於中心位置。例如，西方許多大哲學家同時又是大邏輯學家，甚至是某種邏輯體系的發明者和創始人，如亞里斯多德，奧卡姆的威廉，培根和穆勒，萊布尼茲，康德和黑格爾，弗雷格，羅素，維根斯坦，卡爾納普，蒯因，克里普克等等。在現代分析哲學的發展中，數理邏輯更是發揮了至關重要的作用。羅素指出，新的數理邏輯「給哲學帶來的進步、正像伽利略給物理學帶來的進步一樣」。它終於使我們看到，哪些問題有可能解決，哪些問題必須拋棄，因為這些問題是人類能力所不能解決的。而對於看來有可能解決的問題，新邏輯提供了一種方法，它使我們得到的不僅是體現個人特殊見解的結果，而且是一定會贏得一切能夠提出自己看法的人贊同的結果。⑨他甚至提出了「邏輯是哲學的本質」的著名命題，認為「只要是真正的哲學問題，都可以歸結為邏輯問題。這並不是由於任何偶然，而是由於這樣的事實：每個哲學問題，當經受必要分析和澄清時，就可看出，它或者根本不是真正的哲學問題，或者是具有我們所理解的含義的邏輯問題。」⑩卡爾納普指出：「哲學只是從邏輯的觀點討論科學。哲學是科學的邏輯，即是對科學概念、命題、證明、理論的邏輯分析。」⑪分析哲學應用數理邏輯所取得的具體成果，主要體現在對存在、意義、真理、模態等本體論、認識論和語言哲學的關鍵性問題和概念的研究上。

在中國哲學中，卻缺乏嚴格的邏輯思維傳統。因為中國哲學思維

⑧ 鮑亨斯基：〈現代邏輯的一般觀念和特徵〉，《哲學譯叢》1983 年第 2 期。

⑨ 羅素：《我們關於外在世界的知識》，東方出版社，1992 年，第 53 頁。

⑩ 參見羅素：《我們關於外在世界的知識》，東方出版社，1992 年，第 28 頁。

⑪ 轉引自穆尼茲：《當代分析哲學》，復旦大學出版社，1986 年第 2 版，第 316 頁。

長於神秘的直覺、頓悟、洞見，以及籠統的綜合和概括，但拙於精細的分析與嚴密的論證。中國哲學最典型的方法就是反省內求的「悟」，這種方法具有下述特點：(1)「悟」的對象是某種宏大的、抽象的、模糊的形而上學本體。例如，在老子那裡是「道」，在儒家那裡是「天命」、「仁」，在佛家那裡是「禪」、「佛」。人生的最高境界就是「悟道」、「體仁」、「知天命」、「參禪」、「成佛」，達到「天人合一」的境界。(2)由於「天地並生，物我齊一」，因此「悟」的途徑就是反身求諸己；先排除一切感覺經驗，閉視、閉聽，並進一步排除對自身肌體的感覺，排除自己思想，「離形去知」，使自己在生理和心理上都做到最大的放鬆、寧靜和空虛，由此感受到世界的「本來面目」，感受到自我和世界以及這兩者之間的同一，心靈「豁然開朗」，「領悟妙道」。(3)同樣由於「天地並生，物我齊一」，「悟」的方法就是「能近取譬」、「舉一反三」，也就是比喻和類推。(4)「悟」是主體不借助任何中介而對世界的直接體悟，既無必要也不可能憑藉語言的中介把悟的過程和結果表達出來，「悟」在本質上是不可言說的。「悟」這一方法的重大缺陷是：十分神秘，難以交流，難以學習，難以評判，從而也難以把對相關問題的研究推向深入，形成有效的知識積累。因此，我認為，熟悉和運用邏輯特別是現代邏輯，對於中國哲學界來說是一件特別需要的事情。

　　邏輯對於分析哲學（或更一般地說，對於哲學）之所以如此重要，就在於其他科學理論都有邏輯之外的判定優劣的標準，如通過對未知現象作出預測，然後用觀察和實驗手段去檢驗其真假對錯。而哲學理論的唯一判定標準就是邏輯標準，就是看它的論證是否具有較強的邏輯力量，是否對人的心靈或思想有某種震撼和啟迪作用。更具體地說，論證在哲學中的特殊重要性表現在：對於論者來說，論證能夠使自己的思想走向深入、深刻和全面、正確；對於接受方來說，論證使他能夠通過客觀地檢驗論述者的思考過程來判斷後者思考的好壞，從而使後者的思想具有可理解性和可批判性。因此，論證不僅僅是組

織觀點與材料的寫作方式問題，而是把哲學思考引向深刻化、正確化的途徑與方法。

 ## 9.2.2　哲學對於邏輯的重要性

　　在其發展過程中，現代邏輯本身也遇到了許多嚴肅的哲學問題，以致產生了一門以這些問題為研究對象的新學科——邏輯哲學，後者力圖揭示隱藏在各種具體邏輯理論背後的基礎假定、背景預設或前提條件，並質疑和拷問它們的合理性根據以及做其他選擇的可能性。粗略說來，邏輯哲學研究三類問題：(1)關於邏輯科學整體的哲學分析。例如，究竟什麼是邏輯？邏輯的對象是什麼？邏輯與非邏輯的畫界標準是什麼？邏輯本身的顯著特徵與性質是什麼？邏輯與哲學、數學、語言學、心理學、人工智能以及計算機科學的區別和聯繫何在？如此等等，對於這些問題的研究，還會觸及下述問題：自然語言和形式語言的關係，形式化的本質、作用與限度，邏輯的單一性和多樣性，推理的本性及其與蘊涵的關係等。(2)從邏輯系統內部提出，但在傳統哲學中有深厚背景的問題。其中最典型的是歸納邏輯中的休謨問題，它本質上涉及到人們能不能達到關於這個世界的普遍必然知識的問題，因此它歸根結底涉及到人類的認識能力及其限度，世界究竟是否可知這樣一些重大的哲學問題。與此類似的還有：邏輯真理問題，這與傳統哲學關於分析和綜合、必然和偶然、先驗和後驗的討論密切相關；邏輯悖論問題，這涉及到思維的本性及矛盾律的作用；模態的形而上學；各種變異邏輯對二值原則和傳統真理觀的挑戰；邏輯中的本體論承諾等等。(3)對於邏輯和哲學基本概念的精細分析，這些概念包括：名稱和摹狀詞，語句、命題、陳述、判斷，命題形式和命題態度，命題聯結詞的意義，主詞和謂詞，量詞和本體論承諾，意義、指稱、謂述、用法和證實，存在與同一，意義、真理、實在論與反實在論，邏輯、思維與理性等等。此類分析的目的在於給邏輯研究提供基礎框

架，或賴以出發的基本假定。⑫

　　除上面所提到的之外，顯然還存在許多其他的邏輯哲學問題。例如，集合論中無窮集合的存在性和超窮方法的合理性，以及著名的連續統假設問題（實數到底有多少，或自然數集的子集有多少）的哲學涵義；遞歸方法和模型構造法的本質、合理性根據、作用及其限度；非標準模型的存在及其哲學涵義；可計算性的本質和人的思維創造性的關係，遞歸論和計算機科學中的 P=？NP 問題等等。我國著名邏輯學家莫紹揆先生曾指出：「要從哲學上對處理無窮集合的方法，以及對有關無窮集合的結果作出分析與評價，是哲學界的一個緊迫任務，它也將對哲學的進步發展作出巨大貢獻，將對哲學界長期爭論不決的關於無窮的討論，提供極有價值的大量參考資料。」⑬關於 P=？NP 問題，我國已故著名邏輯學家吳允曾先生指出：「這個問題涉及的是機械算法和非機械算法（或者說確定性算法和非確定性算法）的解題能力是否一樣強的問題，也就是涉及數學思維機械化能達到多大範圍的問題：如果 P=NP 成立，則凡是能夠計算時間在多項式有界的條件下憑藉非機械算法來解決的大量問題（如可以憑藉公理方法加以證明的一類數學命題），都是在同樣條件下在機器上可解的。而如果 P≠？NP 成立，則說明有許多現在人憑藉非機械算法，如公理方法，能夠解決的大量問題，在機器上將是實際無法解決的。這一問題對於人工智能前景的涵義是明顯的。」⑭

---

⑫ 參閱陳波：《邏輯哲學導論》，中國人民大學出版社，2000 年。

⑬ 莫紹揆：〈數理邏輯中一些重要問題〉，《全國邏輯討論會論文選集 1979》，中國社會科學出版社，1981 年，第 349 頁。

⑭ 《吳允曾選集》，北京科學技術出版社，1991 年，第 240 頁。

9.3 語言學中的邏輯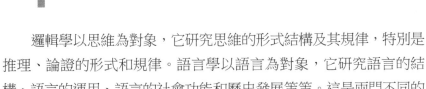

邏輯學以思維為對象，它研究思維的形式結構及其規律，特別是推理、論證的形式和規律。語言學以語言為對象，它研究語言的結構、語言的運用、語言的社會功能和歷史發展等等。這是兩門不同的學科，但由於語言是思維的載體，研究思維要通過語言去研究，這就是使得它們兩者之間發生了特別密切的相互關聯和相互影響。

目前，對自然語言進行邏輯研究具有特殊的重要性，這是因為它得到了來自幾個不同領域的推動力。首先是計算機和人工智能的研究，人機對話和通訊、計算機的自然語言理解、知識表示和知識推理等課題，都需要對自然語言進行精細的邏輯分析，並且這種分析不能僅停留在句法層面，而且要深入到語義層面。其次是哲學特別是語言哲學，在 20 世紀哲學家們對語言表達式的意義問題傾注了異乎尋常的精力，發展了各種各樣的意義理論，如觀念論、指稱論、使用論、言語行為理論、真值條件論等等，以致有人說，關注意義成了 20 世紀哲學家的職業病。再次是語言學自身發展的需要。經典邏輯只是對命題聯結詞、個體詞、謂詞、量詞、等詞進行了研究，但在自然語言中，除了這些語言成分之外，顯然還存在許多其他的語言成分，如各種各樣的副詞，包括模態詞「必然」、「可能」和「不可能」、時態詞「過去」、「現在」和「未來」、道義詞「應該」、「允許」、「禁止」等等，以及各種認知動詞，如「思考」、「希望」、「相信」、「判斷」、「猜測」、「考慮」、「懷疑」，這類詞在邏輯和哲學的研究中被叫做「命題態度詞」。對這些副詞以及命題態度詞的邏輯研究可以歸類為「廣義內涵邏輯」。並且，在研究自然語言的意義問題時，還不能停留在脫離語境的抽象研究上面，而要結合使用語言的特定環境去研究，這導致了所謂的「語用學」。

正如周禮全先生所指出的，「由於自然語言本身的複雜性以及現代數理方法的多樣性，自然語言邏輯就出現了從多個不同角度來進行研究的思路：如萊可夫（G. Lakoff）等人從語言學角度探討自然語言語法結構與邏輯結構之間的對應關係；蒙太格（R. Montague）則從現代邏輯觀點出發構建自然語言的語句系統；也有從語言的交際角度結合語法、修辭等特點來研究自然語言中的邏輯問題的思路，等等。」⑮可以這樣說，自然語言邏輯試圖透過自然語言的指謂性和交際性去研究自然語言中的推理，有語形學、語義學和語用學三個不同的研究角度。其中，語形學研究語言表達式之間的結構關係和結構變換；語義學研究語言表達式的意義以及相互之間的意義關係，要涉及到語言表達式和該表達式所表示、所指謂的對象；語用學研究語言表達式的意義在具體語境中的變化，要涉及語言表達式、該表達式所指謂的對象以及該表達式的使用者。不同的研究者會分別選取以語形學、語義學、語用學中某一個為主的研究策略，例如保羅・格賴斯（Paul Grice）的「會話涵義」學說就是走語用學的研究路子，是這方面的一個重要成果。

9.4　計算機、人工智能與邏輯

計算機和數理邏輯都基於同一個思想：思維即計算。這一思想的最早提出者也許是英國哲學家霍布斯（Thomas Hobbes, 西元 1588-1679 年），他認為，推理就是思維的相加減，也就是詞義的組合與分解。如前所述，萊布尼茲系統地闡述了這一思想，並且還創制了一臺能夠進行四則運算的計算機，成為數理邏輯和計算機科學的重要先驅。在 20 世紀經過數理邏輯學家馮・諾伊曼（John von Neumann, 西元

⑮ 轉引自鄒崇理：《自然語言邏輯研究》，北京大學出版社，2000 年，第 1 頁。

　　哥德爾（Kurt Godel，西元 1906-1978 年），美籍邏輯學家、哲學家。生前除發表一些重要論文外，無專門著作問世，《哥德爾全集》正在編輯中。他在邏輯方面最重要的貢獻，就在於他證明了一階邏輯系統的完全性和包含初等數論在內的形式系統的不可完全性，從而開闢了數理邏輯的新紀元。1944 年後，主要致力於哲學研究。

　　格言

　　世界的意義就在於事實與願望的分離（以及克服這種分離）。

　　人們有理由設想世界是理性地構造的嗎？我相信是這樣。因為它根本不是混沌一團或偶然的隨機組合，反之，科學表明，萬物都充滿著最嚴格的規則和秩序。然而，秩序正是理性的一種形式。

1903-1957 年）和圖靈（Alan Turing, 西元 1912-1954 年）等人的工作，造出了第一臺程序內存的計算機。由於數理邏輯學家哥德爾（Kurt Godel, 西元 1906-1978 年）等人的工作，至 20 世紀中後期，計算機科學、邏輯和數學都有了很大發展，此時原則上已經弄清楚：哪些思維

過程可以在計算機上實現，哪些不能。換句話說，已經弄清楚下述問題：由計算機可以實現哪些思維過程；如何組織好計算機（自動機邏輯問題）；然後提高計算機的效率（軟體問題，計算複雜性問題，計算系統的結構問題等）等等。這些計算機研究課題中包含大量的數理邏輯問題，或者本身就是數理邏輯問題。

我認為，至少在 21 世紀早期和中期，計算機科學和人工智能將是邏輯學發展的主要動力源泉，並將由此決定 21 世紀邏輯學不同於 20 世紀邏輯學的另一種面貌。由於人工智能要模擬人的智能，它的難點不在於人腦所進行的各種必然性推理（這一點在 20 世紀基本上已經做到了，如用計算機去進行高難度和高強度的數學證明，「深藍」電腦通過高速、大量的計算去與世界冠軍下棋），而是最能體現人的智能特徵的能動性、創造性思維，這種思維活動中包括學習、抉擇、嘗試、修正、推理諸因素，例如選擇性地搜集相關的經驗證據，在不充分訊息的基礎上作出嘗試性的判斷或抉擇，不斷根據環境反饋調整、修正自己的行為，……由此達到實踐的成功。於是，邏輯學將不得不比較全面地研究人的思維活動，並著重研究人的思維中最能體現其能動特徵的各種不確定性推理，由此發展出的邏輯理論也將具有更強的可應用性。

實際上，在 20 世紀中後期，就已經開始了現代邏輯與人工智能（記為 AI）之間的相互融合和滲透。例如，哲學邏輯所研究的許多課題在理論計算機和人工智能中具有重要的應用價值。AI 從認知心理學、社會科學以及決策科學中獲得了許多資源，但邏輯（包括哲學邏輯）在 AI 中發揮了特別突出的作用。某些原因促使哲學邏輯家去發展關於非數學推理的理論；基於幾乎同樣的理由，AI 研究者也在進行類似的探索，這兩方面的研究正在相互接近、相互借鑒，甚至在逐漸融合在一起。例如， AI 特別關心下述課題：效率和資源有限的推理；感知；做計劃和計劃再認；關於他人知識和信念的推理；各認知主體之間相互的知識；自然語言理解；知識表示；常識精確處理；

對不確定性的處理，容錯推理；關於時間和因果性的推理；解釋或說明；對歸納概括以及概念的學習。⑯ 21 世紀邏輯學也應該關注這些問題，並對之進行研究。為了做到這一點，邏輯學家們有必要熟悉 AI 的要求及其相關進展，使其研究成果在 AI 中具有可應用性。

我認為，至少是 21 世紀早期，邏輯學將會重點關注下述幾個領域，並且有可能在這些領域出現具有重大意義的成果：(1)常識推理中的某些弗協調、非單調和容錯性因素；(2)體現人的創造性本質的歸納以及其他不確定性推理；(3)廣義內涵邏輯，指對於各種各樣的副詞，包括模態詞「必然」、「可能」和「不可能」、時態詞「過去」、「現在」和「未來」、道義詞「應該」、「允許」、「禁止」等等，和各種認知動詞，如「思考」、「希望」、「相信」、「判斷」、「猜測」、「考慮」、「懷疑」的邏輯研究。其中，認知邏輯（epistemic logic）具有重要意義。⑰

⑯ 參見 Thomason, R, :Philosophical Logic and Artificial Intelligence, in Journal of Philosophical Logic No. 4, 1988, p. 325,Kluwer Academic Publishers.

⑰ 參見陳波：〈從人工智能看當代邏輯學的發展〉，《中山大學學報論叢》（邏輯與認知專刊），2000 年第 2 期。

結　語

　　讀者朋友，到此時為止，我們的這一次邏輯之旅應該結束了。在這短短的旅程中，我們實際上是沿著兩條不同的路線遊覽的：一條是歷史的線索，跨越歷史的時空，與歷史上偉大的邏輯學家們短暫地會面，約略地知道了他們大致的性格和貢獻，也約略知道了邏輯學的來龍去脈和歷史發展。對於深入理解一門學科來說，厚重的歷史感始終是必要的，並且也是重要的。另一條線索就是邏輯學的體系構架和基本內容，在這條路線上，我作為導遊，主觀上想盡力做到深入淺出、生動有趣、通俗易懂，引領讀者諸君獲得對邏輯學的輪廓性了解和總體性把握。此前，在一篇題為〈我在故我思——一位思想者的獨語〉①的隨筆中，我曾說過以後要寫一點能夠走入民間、打動人心的作品，例如像馮友蘭先生的《中國哲學簡史》，陳鼓應先生的《莊子淺說》這樣的大家小品。在寫作此書時，我主觀上是這樣去追求的，但效果如何，只好請讀者諸君去評論了。

　　現在，讓我來兌現本書開頭所許下的諾言，給出引言中那道邏輯選擇題的具體解法：

　　用假設法和歸謬法。先假設甲的話為真，則甲戴白帽子，加起來共有四頂白帽子一頂黑帽子，於是乙和丙的話就是假的，於是乙和丙都戴黑帽子，這與甲的話為真的結果（一頂黑帽子）矛盾，因此甲的話不可能為真，必定為假，則甲戴黑帽子。再假設乙的話為真，則他自己戴白帽子，共有一頂白帽子四頂黑帽子；這樣，由於丙看不見他自己所戴帽子的顏色，當他說：「我看見一頂白帽子三頂黑帽子」時，他所說的就是真話，於是他戴白帽子，這樣乙和丙都戴白帽子，

---

① 發表於《莽原》，2000 年第 4 期。

有兩頂白帽子，與乙原來的話矛盾。所以，乙所說的只能是假話，他戴黑帽子。既然已經確定甲、乙都戴黑帽子，則戊所說的「我看見四頂白帽子」就是假話，戊也戴黑帽子。丙說他看見一頂白帽子三頂黑帽子，如果未說話的丁戴白帽子，則他的話為真；若丁戴黑帽子，則他的話為假。現證明丙的話不可能為假，必定為真。假設丙的話為假，則未說話的丁也戴黑帽子，他自己也戴黑帽子，於是五個人都戴黑帽子，這樣，乙說看見四頂黑帽子，就說的是真話；但我們已經證明乙的話不可能為真，因此丙的話也不可能為假，於是丙戴白帽子。最後結果是：甲、乙、戊說假話，戴黑帽子；丙、丁說真話，戴白帽子。所以，正確的選項是 E。

閱 讀 書 目

雷蒙德・斯穆里安：《這本書叫什麼——奇詭的邏輯謎題》，上海譯文出版
　　　社，1987 年。

彭漪連、余式厚：《趣味邏輯學》，中國青年出版社，1981 年。

金岳霖主編：《形式邏輯》，人民出版社，1979 年。

吳家國主編：《普通邏輯》，上海人民出版社，1993 年。

宋文堅主編：《邏輯學》，人民出版社，1998 年。

蘇佩斯：《邏輯導論》，中國社會科學出版社，1984 年。

莫紹揆：《數理邏輯初步》，上海人民出版社，1980 年。

王憲均：《數理邏輯引論》，北京大學出版社，1982 年。

宋文淦：《符號邏輯基礎》，北京師範大學出版社，1993 年。

張家龍：《數理邏輯史》，社科文獻出版社，1993 年。

周禮全：《模態邏輯引論》，上海人民出版社，1986 年。

周北海：《模態邏輯導論》，北京大學出版社，1997 年。

王維賢、李先昆、陳宗明：《語言邏輯引論》，湖北教育出版社，1989 年。

陳宗明主編：《漢語邏輯概論》，人民出版社，1993 年。

鄧生慶：《歸納邏輯——從古典向現代類型的演講》，四川大學出版社，
　　　1991 年。

陳曉平：《歸納邏輯與歸納悖論》，武漢大學出版社，1994 年。

陳　波：《邏輯哲學導論》，中國人民大學出版社，2000 年。

斯蒂芬・里德：《對邏輯思考——邏輯哲學導論》，遼寧教育出版社，1998
　　　年。

尼爾・布朗、斯圖爾特・基利：《走出思維的誤區》，中央編譯出版社，
　　　1994 年。

鄭文輝：《歐美邏輯學說史》，中山大學出版社，1994 年。

楊沛蓀主編：《中國邏輯思想史教程》，甘肅人民出版社，1988 年。

國家圖書館出版品預行編目資料

邏輯學是什麼？／陳波著.
—初版.—臺北市：五南，2002 [民91]
面；　公分.
ISBN　978-957-11-2842-9（平裝）
1.理則學－通俗作品
150　　　　　　　91005781

1BK7
邏輯學是什麼？

作　　者－陳　波
發 行 人－楊榮川
總 編 輯－王翠華
主　　編－陳姿穎
責任編輯－邱紫綾　謝嘉容
出 版 者－五南圖書出版股份有限公司
地　　址：106台北市大安區和平東路二段339號4樓
電　　話：(02)2705-5066　傳　　真：(02)2706-6100
網　　址：http://www.wunan.com.tw
電子郵件：wunan@wunan.com.tw
劃撥帳號：01068953
戶　　名：五南圖書出版股份有限公司
台中市駐區辦公室/台中市中區中山路6號
電　　話：(04)2223-0891　傳　　真：(04)2223-3549
高雄市駐區辦公室/高雄市新興區中山一路290號
電　　話：(07)2358-702　傳　　真：(07)2350-236
法律顧問　林勝安律師事務所　林勝安律師
出版日期　2002年5月初版一刷
　　　　　2013年5月初版五刷
定　　價　新臺幣290元